¿Quien mató a JFK...?

¿Quien mató a JFK...?

Robin Ramsay

Grupo Editorial Tomo, S. A. de C. V.,
Nicolás San Juan 1043,
03100, México, D. F.

1a. edición, septiembre 2010.

Nicolás San Juan 1043, Col. Del Valle
03100 México, D.F.
Tels. 5575-6615, 5575-8701 y 5575-0186
Fax. 5575-6695
http://www.grupotomo.com.mx
ISBN-13: 978-607-415-163-3
Miembro de la Cámara Nacional
de la Industria Editorial No. 2961

Traducción: Roberto Mares
Diseño de portada: Karla Silva
Formación tipográfica: Lorenza Cecilia Morales Urquiza
Supervisor de producción: Leonardo Figueroa

ÍNDICE

I.

Introducción

Muchos libros acerca del asesinato de Kennedy no ofrecen una conclusión... Bueno, pues éste sí. En favor de aquellos lectores impacientes, diremos de antemano que en este libro se presenta información reciente y fidedigna que descarta las hipótesis de que JFK fue ultimado por la CIA, por la Mafia, los cubanos anticastristas, los militares, el Mossad (Servicio Secreto Israelí), la familia real británica, la KGB, o por alguna coalición de estos grupos que hasta ahora se han considerado los principales sospechosos del magnicidio. Para nosotros, la acumulación de evidencia apunta de obvia manera al que fuera vicepresidente en el mandato de JFK, es decir, el señor Lyndon Baines Johnson (LBJ). Pero en la criminología, como en cualquier otro campo de estudios, el viajar es en sí mismo más interesante que el llegar a un destino.

¿PARA QUÉ MOLESTARNOS EN DILUCIDAR UN ASUNTO YA VIEJO?

Hace quince años fui invitado a dar una plática ante un grupo de aficionados a la investigación del asesinato de Kennedy,[1] que se hacían llamar Dallas 63, y que se interesaron en mi presencia a raíz de unos artículos míos que aparecieron en la revista *Lobster*, que yo mismo dirijo y publico; siendo en esos tiempos prácticamente el único que seguía escribiendo sobre ese tema en el Reino Unido, pues la mayoría de los medios había perdido ya todo interés en el tema. Yo tenía solamente un vago conocimiento del grupo Dallas 63, pero cuando me presenté ante ellos, me di cuenta de que hablaba con personas que sabían más del asunto que yo mismo, o por lo menos tenían más información de algunos aspectos que para mí seguían siendo oscuros. Al igual que todos los estudiosos que abordan su materia con seriedad, ellos habían definido campos de fina especialidad: la autopsia; la policía de Dallas; la escolta motorizada, Cuba, la CIA, balística, etcétera.

Como mi orientación es más bien generalizadora, y mi interés es la búsqueda de coherencia entre todas las áreas del tema, mi punto de vista era una especie de síntesis de todas las posibilidades con las que trataba de dar respuesta a la gran pregunta: ¿Quién lo hizo...? En aquellos tiempos yo centraba mis sospechas en la Mafia, apoyándome en el rol protagónico que había jugado Jack Ruby; pero las recientes investigaciones han complicado las cosas. Durante mi exposición se me escuchó con respetuosa atención; aunque al terminar y abrir espacio para el debate, los comentarios me hicieron sentir que todo lo que había dicho debía olvidarse, pues ellos fueron derivando sus intervenciones hacia sus áreas de especialidad, revelando toda clase de detalles y haciendo observaciones que simplemente rebasaron todo lo que yo había dicho.

Esta experiencia me hizo comprender que lo primero que debe hacer un escritor al emprender el estudio de un tema como éste es definir las dimensiones del mismo. El acervo de información documental acerca del asesinato de Kennedy es extraordinariamente amplio, incluye miles de libros que se han escrito en los últimos cuarenta años; docenas de revistas y de diarios ya caducos; una verdadera montaña de reportes oficiales que se emitieron durante dos periodos gubernamentales; docenas de vídeos y DVD..., y sólo Dios sabe cuántos sitios de Internet. Considerando las dimensiones de este material, yo creo que tomaría un año de trabajo, de tiempo completo, solamente el identificar y clasificar las fuentes de información, sin incluir los millones de páginas de los documentos que el gobierno de los Estados Unidos ha venido "desclasificando" en las dos últimas décadas; así que, en realidad, actualmente cubrir el campo informativo es una tarea imposible.[2]

Hay que considerar, además, que muchos de estos materiales son tan complejos y embrollados que resultan prácticamente impenetrables. Tal vez el mejor ejemplo es el de todos los informes médicos y forenses, que son una verdadera pesadilla; no es siquiera claro cuáles de las fotografías de la autopsia, o las de las placas de rayos X, son realmente de la cabeza de JFK (lo que trataremos en el capítulo sexto). Para escribir un libro de este tema, incluso uno tan pequeño como éste, es necesario asumir una actitud de consciente humildad, pues uno no debe perder de vista que está escribiendo sobre algo que no conoce de manera exhaustiva.

Algunos investigadores americanos que han intentado analizar las grandes oleadas de documentación emitidas por el gobierno, sospechan que este maremagnum informativo no tiene otra finalidad que el mantenerlos permanentemente ocupados y confundidos, lo que ahora no es meramente una creencia, sino una verdad confirmada. En un libro excelente acerca de los servicios de inteligencia angloamericanos durante la Guerra Fría, *The Hidden Hand (La mano oculta,* Londres, John Murray, 2001), dice el historiador Richard Aldrich:

> En 1998, una comisión de oficiales preparó un informe para el Secretario de la Defensa de los Estados Unidos, llamado Operaciones de seguridad respecto del efecto de la política desclasificatoria para el Departamento de la Defensa. En ese informe se sugiere que el "material desclasificado que resulte interesante", como el relativo al asesinato de Kennedy, debe tratarse con toda liberalidad, e incluso colocarlo en Internet, a manera de "entretenimiento". Los archivos recientemente desclasificados referentes a temas delicados pueden ser usados para "reducir la pública avidez por los secretos", proveyendo una buena cantidad de "material distractivo".

A George Orwell le hubiera encantado eso de "material distractivo".

Otra gran dificultad para escribir (o leer) acerca del asesinato de Kennedy radica en el siguiente cuestionamiento: ¿Para qué dedicar tiempo y esfuerzo a algo que pasó hace muchos años y que ya no tiene importancia en la actualidad?... Aquellos eventos de 1963 parecen irrelevantes ahora que el mundo marcha hacia el desastre, ¿qué tan importante es la muerte de un presidente americano en comparación con el calentamiento global o con el poderío de las empresas trasnacionales? Seguramente el asesinato de JFK ocupa ahora un lugar secundario en la agenda de problemas por resolver. En cierto sentido yo creo que eso es verdad; pero también pienso que en este punto de vista se subestima el sentido histórico del asesinato de Kennedy y el significado potencial que éste tiene en la política.

SENTIDO HISTÓRICO DE JFK

Debería considerarse como intrínsecamente importante el asesinato del Presidente de la nación más poderosa del mundo; pero el hecho se vuelve mucho más significativo si pensamos en ese presidente y en ese momento histórico, además de que se nos revela todavía más interesante si consideramos que el crimen permanece irresuelto, y que la investigación se ha dificultado propositivamente, manteniendo el secreto hasta ahora.

El consenso general acerca de la imagen de Kennedy como presidente es que por debajo de la delgada capa de *glamour* —incluyendo toda esa imaginería de "Camelot"—, él no fue más que un político común, y que no hizo nada que no hubiera podido hacer Richard Nixon, en caso de que hubiera sido él, y no Kennedy, el triunfador de las elecciones de 1960.

Ésta se considera una verdad en sí misma, y no específicamente aplicable a JFK, pues se dice que en el caso del sistema americano, los políticos pueden hacer muy poco como individuos, y que mientras permanezca intacta la estructura política y económica, los políticos no son más que actores que juegan el rol que se les asigna en una obra escrita por los señores del dinero.

Este punto de vista es obviamente determinista, y tiene mucho de verdad; pero no toda la verdad, pues la experiencia histórica nos indica las personalidades individuales que pueden intervenir de manera significativa en la estructura social; tal es el caso de Lenin, Trotsky, Mandela, Hitler, Churchill, Roosevelt, Thatcher, y muchos otros. Pero también existen individuos que pudieran haber causado un fuerte impacto en la sociedad..., si hubieran sobrevivido para lograrlo. En los Estados Unidos podríamos mencionar a los Kennedy, John y Robert, así como a Martin Luther King. En efecto, para muchos investigadores del caso Kennedy, fue precisamente este "potencial de cambio" lo que motivó el asesinato, y lo mismo podría decirse de los otros citados, considerando que su influencia hubiera podido lesionar los intereses de ciertos elementos del sistema.

Éste no es un espacio adecuado para analizar a fondo el debate acerca de lo que Kennedy quería o era capaz de hacer, además de que no es necesario entrar en ello, dado que lo importante es señalar que, para los estándares americanos de los años cincuenta, JFK fue percibido como un presidente especial o "atípico". En el libro *The Presidential Papers* (*Documentos presidenciales*), Norman Mailer califica a Kennedy como el primer presidente "existencial" (con lo que eso pudiera significar), y como una especie de eje, o "pivote" del cambio social. Pero más tarde, con lo que llegó a saberse del Presidente, la idea de Mailer se desvirtuó por completo, pues Kennedy resultó ser un maniático sexual que utilizaba su posición para seducir a cualquier representante del género femenino que se le pusiera delante, además de que fumaba marihuana y aspiraba cocaína... ¡Tiempos de espanto en la Casa Blanca!; mucho más de lo que Norman Mailer hubiera podido imaginar en 1961.

Pero Kennedy era más que eso, también era el presidente que debía su triunfo en las elecciones de 1960 a la Mafia,[3] y con la mejor voluntad del mundo compartió a una mujer —Judith Campbell— con uno de los principales "capos" mafiosos. La famosa "pandilla", formada por Frank Sinatra, Sammy Davis Jr., Dean Martin y Peter Lawford,[4] tenía por lo menos un miembro (Lawford) que formaba parte del clan Kennedy, por matrimonio; y Sinatra, el líder del grupo, contemporizaba abiertamente con los jerarcas mafiosos. Lo anterior indica que a principios de los sesenta estaba en marcha un cambio en el estilo de vida y la moral de los Estados Unidos. El consumir drogas y organizar fiestas orgiásticas en la alberca de la Casa Blanca muestra un alto contraste con la versión de la vida americana que se presentaba en las películas de Doris Day, que animaban la cultura popular en los cincuenta y que se reproduce en el esquema político que llevó al poder a Dwight D. Eisenhower.

Sin duda se fue produciendo un cambio radical durante el periodo de transición entre el mundo de Eisenhower y el que ahora se veía como algo totalmente diferente, y al que se le llama simplemente "los sesenta". Kennedy fue protagonista de este cambio y llegó a convertirse en un símbolo de la nueva cultura; pero su imagen simbólica también representaba el poder de la Mafia en aquellos tiempos, por lo que es de considerarse que ese poderoso grupo se haya atribuido el mérito de haberlo llevado al sitio que ocupaba, por lo que él estaría en deuda con ellos.

Eisenhower percibió con claridad aquellos vientos de cambio. Él era un héroe de guerra, un líder de guerra, un soldado y fiel Republicano, y a pesar de ello habló al pueblo norteamericano por televisión, no para decir lo que se hubiera esperado de él: "Yo estoy ahora jubilado, me dedico a jugar golf y sólo deseo que Dios bendiga a los Estados Unidos"... Pero lo que él hizo fue advertir a la gente del gran peligro que representaba la creciente industria militar, en asociación con el Pentágono.

En este contexto llegó Kennedy al poder. Durante su campaña electoral adoptó el discurso convencional de la "Guerra Fría" y la "amenaza soviética"; pero una vez en la presidencia, y después de la fallida invasión a Cuba de "Bahía de Cochinos", y la subsecuente "Crisis de los Misiles", su discurso y actitudes comenzaron a salirse de los rumbos convenientes para el poderoso complejo de la industria militar. Kennedy incluso se atrevió a firmar un acuerdo con Khrushchev, en el que se comprometía a respetar a Cuba, además de que firmó el tratado de Test Ban y manifestó su aquiescencia respecto de la coalición política que habría de resolver la crisis del gobierno italiano, en la que participaba el Partido Comunista, lo que era algo que la CIA no podía tolerar, pues había trabajado para evitar la injerencia de los comunistas en Italia desde 1945, gastando cientos de millones de dólares en logística y corrupción de la sociedad italiana. Y por si esto fuera poco, Kennedy planeaba recortar el presupuesto destinado a la defensa, con objeto de reducir el déficit de la deuda interna americana; por otro lado, había iniciado movimientos para retirar las fuerzas norteamericanas de Vietnam. Éstas no eran precisamente las actitudes que se esperaban de un "guerrero frío", y una de las acciones que más lastimaron su imagen y la de los políticos involucrados fue la manera de manejar la Crisis de los Misiles.[5]

En vista de todo lo anterior, la pregunta: ¿quién era Kennedy? sólo puede tener una respuesta: hubieron dos Kennedy: uno de ellos fue el "combatiente de la Guerra Fría", y a ése se eligió como presidente —con su imagen de conservador—, y el otro fue el "demócrata liberal", que surgió después de la Crisis de los Misiles.

El más significativo de este cambio de personalidad es el segundo Kennedy, el que pugnaba por salir lo más pronto posible del escenario de la expansiva guerra de Vietnam. Los servicios de inteligencia del complejo industrial militar interpretaron esto como una vergonzosa retirada del Oriente, y los acuerdos con Khrushchev se tomaron como una retirada del Caribe. Por supuesto, la industria militar necesitaba que siguiera la acción bélica en Vietnam, como parte de la continuidad de la Guerra Fría y del combate activo al comunismo, lo que aseguraba la bonanza en este sector, con sus enormes ingresos y buenas carreras para los funcionarios.

La conspiración que dio lugar al asesinato de Kennedy pudiera localizarse en este contexto, como opinan muchos investigadores, o pudiera no encontrase una relación causa-efecto en este ámbito; pero lo que no se puede cuestionar es que las actitudes de Kennedy lesionaban los intereses de la industria militar en casi todos los frentes, y era precisamente ese gran poder al que se había referido Eisenhower como extremadamente peligroso.[6] Cuando se comprende la medida de lo que Kennedy estaba intentando hacer, es muy tentador plantear su política como la de alguien que iba saliendo demasiado rápido de los lineamientos establecidos, por lo que el sistema tuvo que eliminarlo.

OLIVER STONE

La idea de Kennedy como un presidente ofensivo para la industria militar es la tesis que se manejó en dos películas sobre el asesinato:

Executive Action (*Operación ejecutoria*), protagonizada por Burt Lancaster, y *JFK*, de Oliver Stone, en la que se maneja la hipótesis de que Kennedy fue asesinado para impedir la retirada de Vietnam. Este argumento se identifica con la tesis que manejó L. Fletcher Prouty, quien fuera coronel en la Fuerza Aérea Americana y que escribió el magnífico libro *The Secret Team* (*El grupo secreto*), que se publicó en los Estados Unidos en 1973.

Como oficial de la Fuerza Aérea, Prouty estuvo involucrado en varias operaciones de espionaje de la CIA durante los cincuenta, y más tarde trabajó en el servicio de seguridad presidencial. Al colaborar directamente para la CIA, Prouty fue testigo de operaciones que él interpreta como formas de corrupción de militares, y como oficial de seguridad presidencial estuvo presente en aquel fatídico día en Dallas y pudo observar ciertas áreas de ausencia de seguridad en la gira del presidente; como él mismo señala: "La ausencia de seguridad es lo único que uno necesita para actuar", y sugiere, aunque sin afirmarlo, que el propio Servicio Secreto americano tomó parte en el complot, lo que a mí no me parece acertado; sin embargo, algunas pistas recientemente encontradas (que señalaré más adelante) nos hacen pensar que esta tesis no es del todo descabellada.

Desgraciadamente, el extraordinario libro de Prouty quedó enterrado bajo un alud de noticias durante el escándalo Watergate, tanto que su aparición pasó casi inadvertida para el público.[7]

En realidad, la revaloración de este libro se la debemos a la película de Oliver Stone, en la que, en opinión de muchos investigadores, "se olisquea y ladra" con demasiada vehemencia en un árbol equivocado. Sin embargo, el principal logro de esta película es haber reavivado el interés por el asesinato, cuando muchos documentales de televisión y cientos de libros no habían causado ese efecto.

Como mucha gente interesada en el caso Kennedy, yo disfruté mucho esta película; pero no me gustó que Stone hubiera presentado como una línea argumental el intento de inculpación de Clay Shaw, que en 1968 hiciera el Fiscal de Distrito de Nueva Orleans, Jim Garrison.

En realidad, muy pocos estudiosos del caso Kennedy piensan que Clay tuviera algo que ver con el asesinato, a pesar de que los manejos de Garrison lo convirtieron en un personaje de gran interés para el público y dio lugar a una línea narrativa muy socorrida para cineastas como Stone, quienes parten del dramatismo intrínseco de los eventos de 1963, y fácilmente derivan una historia en la que un ciudadano cualquiera, insignificante en términos sociales y políticos, se embarca en una heroica lucha en contra del sistema, siguiendo una línea argumental que se ha convertido en un *cliché* de Hollywood, el abogado y juez de distrito que se convierte en un auténtico "cruzado" que lucha contra un poder avasallante.

Si en la mente del productor se fija un argumento como éste, la historia se escribe sola. Sin embargo, a pesar de su inconsistencia, el proceso judicial que promovió Garrison en la persona de Clay Shaw fue la única iniciativa formal que tuvo el sistema judicial en el caso del asesinato de Kennedy.[8]

El significado político potencial de la muerte de Kennedy

Antes de que el cuerpo de JFK se colapsara sobre el asiento de su limusina aquel día en Dallas, la gran masa del pueblo americano —en especial la gente blanca—, simplemente creía en lo que le decía su gobierno. Eso ya no sucede actualmente.

Muchos factores han contribuido a esa pérdida de confianza, y uno de los más importantes fue la guerra de Vietnam, cuyas nefastas consecuencias se hicieron sentir con fuerza en la sociedad americana durante los sesenta y setenta; y una de esas consecuencias fue la disolución de la credibilidad de la gente y el desarrollo de una nueva convicción social que se podría expresar con toda sencillez: el gobierno miente.

Esa idea se fijó en la mente colectiva con toda firmeza y dramatismo a causa de la muerte de Kennedy y de la inverosimilitud de las versiones oficiales del caso. La única verdad que la gente tenía en aquellos tiempos era que su gobierno mentía acerca de uno de los acontecimientos más importantes de su historia.[9] Ésta es una de aquellas instancias en las que se siente válido aquel viejo adagio que señala que la verdad es siempre subversiva.

Pero el asesinato de Kennedy es también la más interesante y compleja de las historias policiacas del siglo pasado, la mayor fuente de documentación acerca del Estado americano, y, ciertamente, la mejor ruta para el análisis de la política posterior al deceso de JFK, pasando por Vietnam, Watergate y demás instancias en las que se nos revelan los escabrosos vericuetos del poder. Este crimen y sus secuelas han dado lugar también al mayor esfuerzo de investigación que se haya producido en una democracia occidental, hecha por ciudadanos privados y sin soporte alguno de partidos políticos o de la burocracia estatal (de hecho, desde las áreas del poder se han intentado dificultar las investigaciones privadas), e incluso sin la colaboración positiva de los principales medios informativos.[10]

En esto se pone en evidencia una de las tantas paradojas de la cultura americana: Por un lado se habla de "la tierra de las oportunidades y del hogar de los libres", y por otro se percibe a una nación gobernada por una elite política que permite el asesinato de sus líderes y constriñe la investigación de esos crímenes. Los grandes magnicidios —JFK, RFK y Martin Luther King— fueron "resueltos" de manera política, sin mediar auténticas investigaciones judiciales, atribuyendo aquellos crímenes a la simple acción de individuos desequilibrados.

He aquí el potencial subversivo de estos asuntos, pues sucede que en una nación ampliamente industrializada, en el país más poderoso de la tierra, son asesinados en público tres de las figuras más importantes de una generación y que representan una línea de izquierda liberal, todo en un periodo tan corto como cinco años y sin que se desplegara una investigación seria en ninguno de los casos.

NOTAS

[1] Estuve a punto de escribir "fans del caso Kennedy", pero sé que muchos estudiosos e investigadores odian esa palabra; de cualquier manera yo siempre me he declarado fan del asesinato de Kennedy.

[2] Un buen comienzo para el estudio del tema son los sitios de Internet: <http://jfkresearch.freehomepage.com/links1.htm> y <http://www.jfk-online.com/jfklinks.html>

[3] Ahora es generalmente aceptado que algunos jefes mafiosos participaron de manera muy cercana en las elecciones que llevaron al poder a Kennedy. Mientras escribía este libro, en 2007, realicé una búsqueda en Google incluyendo JFK + elección de 1960 + mafia, con lo que obtuve nada menos que 65,000 sitios relacionados con estos temas.

En especial sobre la injerencia de la Mafia es interesante consultar el libro de Seymour Hersh *The Dark Side of Camelot* (*El lado oscuro de Camelot*), que contiene una detallada reseña de lo que se califica como el "robo" de las elecciones. Otras fuentes interesantes son: <www.tme.com/time/magazine/1997/dom/971117/cover3.html.> También se puede consultar una entrevista con Hersh en la revista *Atlantic Monthly* en <www.theatlantic.com/unbound/bookauth/shint.htm> en donde, entre otras cosas, el autor señala: "El FBI elaboró un reporte para el Fiscal General en el que se dice que la elección fue 'robada' en el caso de Illinois". En este mismo sentido hay una buena selección de información en el libro de Sally Denton y Roger Morris, *The Money and the Power: The Making of Las Vegas and its Holds on America, 1947-2000* (*Dinero y poder: La creación de Las Vegas y su continuidad en los Estados Unidos, 1947-2000*), (Nueva York. Alfred Knopf, 2001, capítulo 12).

[4] En 2001 se realizó una nueva versión de la película de intriga policial *Ocean's Eleven* (titulada en español como *Once a la medianoche*), protagonizada por George Clooney y otros; además de un libro: *Rat Pack Con-*

fidential (*Asuntos de pandilla, confidencialmente*), (Londres. Fourth Estate, 1998). Mientras escribo este libro se está presentando en Inglaterra una obra de teatro musical llamada *The Rat Pack* (*La pandilla*), que retrata mucho de lo que ahora sabemos de personajes como Sinatra, Lawford, y, en menor medida, Martin, para quienes el término *rat* (rata) es apropiado.

[5] La más acertada interpretación acerca de la posición de izquierda liberal de Kennedy es la que hace Donald Gibson en *Battling Wall Street* (*En combate contra Wall Street*), (Nueva York, Sheridan Square, 1994).

L. Fletcher Prouty (ver nota 7) creía, aunque no lo pudo probar, que las advertencias de Eisenhower acerca del poderío del complejo industrial militar era parte de su proyecto para "enfriar" la Guerra Fría, propiciada por el complejo. Prouty creía —y pensaba que Eisenhower sabía— que el derribo del avión espía U-2, piloteado por Gary Powers, que dio fin a las pláticas de Eisenhower con la Unión Soviética, fue arreglado por la CIA precisamente para dar fin a estas negociaciones.

Stephen M. Birmingham —quien no es el popular escritor norteamericano, homónimo—, me contactó para señalarme que Kennedy había retado el poder del complejo industrial al proponer un acercamiento a la Unión Soviética por medio de un programa conjunto de exploración espacial. Él escribe:

"El proyecto de John F. Kennedy respecto de la posibilidad de realizar un alunizaje se encuentra reseñado en el memorándum 271 de la Dirección Nacional de Seguridad (un documento que permaneció en secreto por lo menos durante veinte años), y ahí se expresa el deseo del Presidente de realizar un programa conjunto de cooperación con la Unión Soviética en materia de exploración espacial, incluyendo el proyectado alunizaje, mismo que él autorizó y firmó el 12 de noviembre de 1963, apenas diez días antes de su horrendo asesinato en Dallas. Esta iniciativa resulta de particular interés para la opinión pública y en especial para los historiadores. Sin embargo, en vez de aludir a esta apertura de Kennedy, los medios de comunicación se han centrado en el famoso discurso del 25 de mayo de 1961, en el que el Presidente habla de la llegada a la Luna como un sueño y una realización estrictamente americana. Una mayor información acerca del citado documento 271 se encuentra en: <http//www.birmo.com.uk/jfk/work_in_progress/index.htm>

[6] Las áreas en las que se destaca el conflicto entre Kennedy y el complejo industrial militar se describen de manera detallada en el ensayo de Peter Dale Scott, "The Death of Kennedy, Vietnam y Cuba" ("La muerte de Kennedy, Vietnam y Cuba"), incluido en *The assassinations* (*Los asesinatos*), editado por Scott, Hoch y Stetler (Harmondsworth, Penguin Books, 1978). Si usted está de acuerdo con la visión de Kennedy que presentó Johnson, este libro será una verdadera revelación, sobre todo en el sentido de la supuesta continuidad entre Kennedy y Johnson respecto de la guerra de Vietnam. El antiguo director del Comité de Inteligencia Británico, sir Percy Cradock, señala lo mismo en su libro *Know Your Enemy: How the Joint Intelligence Comittee Saw the World* (*Conozca al enemigo: Cómo ve al mundo el Comité de Inteligencia Británico*), (Londres, John Murray, 2002, p. 195). Algunos documentos desclasificados respecto de los planes de Kennedy para salir de Vietnam se encuentran en <http://www.historymatters.com/vietnam1963.htm>.

Dos excelentes libros acerca de la industria militar americana que aparecieron recientemente son el de James Carroll, *House of War* (*La casa de la guerra*) (Boston, Houghton Mifflin, 2006) y el de Ismael Hossein-Zadeh, *The Political Economy of U.S. Militarism* (*La economía política del militarismo de los Estados Unidos*) (Nueva York, Palgrave Macmillan, 2006). El libro de Carrol abarca cubre todo el periodo de la posguerra y da una visión muy lúcida de todo aquello a lo que se oponía JFK; por su parte, Hossein-Zadeh se concentra en eventos más recientes, incluyendo la invasión a Irak.

[7] *The Secret Team* (*El grupo secreto*), de Prouty se encuentra disponible como parte de un CD-ROOM de sus obras selectas en <http://www.prounty.org/cdrom.html>. En la película de Oliver Stone, el papel de Prouty es representado por Donald Sutherland —"Llámeme sólo señor X"—, en una de las escenas menos comprendidas de la película.

[8] En 1988, Garrison publicó un informe titulado *On the Trail of the Assassins* (*En la pista de los asesinos*). Y en el subtítulo se lee: *Investigación realizada por un solo hombre para*

esclarecer el crimen que conmovió al mundo... ¡Vaya tarea!

[9] En un artículo originalmente publicado en el número de primavera de 2001 de la revista *The Wilson Quarterly*, Max Holland acepta que el asesinato de JFK tuvo como efecto el incremento del cinismo americano respecto del gobierno, pero señala que eso fue culpa del proceso judicial promovido por Jim Garrison en contra de Clay Shaw en Nueva Orleans, dado que Garrison se hallaba influido por ciertas manipulaciones de desinformación de origen soviético respecto de Clay Shaw, lo que era parte de un programa de la KGB que se había iniciado a finales de los sesenta y que tendía a crear un ambiente de falta de afecto y credibilidad de la gente respecto de su gobierno. Él pretende que aceptemos el siguiente silogismo:

- Los ciudadanos americanos habían caído en un estado de incertidumbre corrosiva a partir del asesinato de JFK.
- Garrison se había convertido en el principal instigador de ese sentimiento.
- Garrison era copartícipe de ese programa soviético de desinformación.

- Luego... los soviéticos estaban minando la moral americana.

[10] Respecto del papel de los medios de comunicación, se podría consultar el ensayo de Jerry Policoff "The Media and the Murder of John Kennedy" ("Los medios y el crimen de John Kennedy"), incluido en *The Assassinatios* (op. cit). El *New York Times* y el *Washington Post* han sido señalados como sospechosos de asociación con el complejo de la industria militar y con la CIA.

2.

La más grande de las mentiras

Esa fue la patraña más grande que se ha perpetrado... dijo Richard Nixon de la Comisión Warren, según un reportaje de la agencia Reuters que se publicó el 28 de febrero de 2002, en el que se presentan transcripciones de las últimas entrevistas que se hicieron al presidente Nixon durante su presidencia.

La versión oficial del gobierno de los Estados Unidos respecto del asesinato de JFK reproduce la tesis del "asesino solitario": un ser desquiciado que había pertenecido al cuerpo de elite de los *Marines*, que se proclamaba marxista y había optado por servir a la Unión Soviética... ¿Qué tan raro sonaba eso en 1963?

El informe indica que Lee Harvey Oswald disparó su rifle desde lo alto de un edificio en el que trabajaba, el depósito de libros de Texas, desde donde se dominaba un buen tramo de la ruta del desfile en el que participaría el Presidente aquel día. Él llevó a cabo ese crimen por razones desconocidas, pero probablemente relacionadas con un trastorno cuyo origen era la conciencia de sus propias incapacidades, lo que le había generado un gran celo por la carismática imagen del joven presidente... Uno más de esos locos que buscan sus quince minutos de gloria.

Según la versión oficial, después de haber disparado sobre Kennedy, él dejo a un lado su viejo rifle WW1, con todas sus huellas y marcas personales, bajó al vestíbulo de la gran bodega, obtuvo una lata de Coca Cola de la máquina expendedora y se puso a beberla, como si estuviera esperando a ser aprehendido. Sin embargo, al identificársele como empleado del depósito, Oswald fue echado a un lado por los policías que allanaron el edificio, por lo que él tranquilamente salió a la calle, tomó un autobús y se alejó de la escena del crimen; en un lugar cercano a su casa se introdujo sin pagar en un cine de "matiné"; hasta donde fue rastreado por la policía y arrestado. Al siguiente día, durante un traslado en el interior de la estación de policía, Oswald fue baleado por un sujeto de nombre Jack Ruby, propietario de un bar de *strip* en el centro de la ciudad.

Al ser nombrado presidente por sustitución, lo primero que hizo Johnson fue nombrar una comisión investigadora del crimen, misma que fue dirigida por el juez Earl Warren y apoyada por los "mejores elementos", incluyendo a Allen Dulles, quien fuera destituido como director de la CIA por el presidente Kennedy. Como todo mundo sabe, después de exhaustivas investigaciones, la Comisión Warren emitió un informe en el que se determinaba que Oswald había actuado solo.

El veredicto de la Comisión fue una patraña, una decepcionante y embrollada mentira que la gente sintió como un insulto; ellos ni siquiera hicieron un buen trabajo en el arte de mentir. Los militares, los políticos y los Servicios de Inteligencia habían trabajado de esa manera desde 1945, y habían logrado reducir al mínimo la perspicacia de la gente con el gran distractor de la Guerra Fría y de la peligrosidad de la Unión Soviética; así que a los miembros de la Comisión pareció no importarles que su informe fuese una simpleza y un absurdo: la gente estaba acostumbrada a tragarse cualquier cosa.

REFLEXIONES SOBRE EL CRIMEN

Si nos ponemos a pensar en la manera como se produjo el asesinato del Presidente, parece obvio que los que planearon esto lo habían concebido como un doble crimen: matar primero al Presidente y después eliminar al traidor marxista, al admirador de Fidel Castro, al solitario asesino Lee Harvey Oswald. La policía de Dallas presentaría al mismo tiempo un crimen, una solución del mismo y una ejecución de justicia expedita; así nadie tendría por qué "rascarle" al asunto. Todos los elementos de la escenografía estaban bien diseñados, incluso aquellas fotos trucadas en las que Oswald posaba con su rifle en una mano y varios ejemplares de diarios de izquierda en la otra (el rostro de Oswald se empalmó en la foto sobre el cuerpo de otro hombre). Ahí estaba el arma asesina, supuestamente encontrada en el depósito de libros, y todo coincidía con algunos incidentes anteriores en los que, al parecer, Oswald participaba en ciertos movimientos anticastristas y profería amenazas en contra de JFK.

Pero algo falló en la puesta en escena de la obra: "Asesinato del presidente con asesino muerto", pues Oswald sobrevivió para ser arrestado; lo más adecuado hubiera sido liquidarlo en ese momento, con el pretexto de "resistencia al arresto", lo que era algo bastante común en esos días en los Estados Unidos. Pero, al confrontarse con la policía de Dallas en una sala de cine, Oswald salvó su vida al levantar sus manos y gritar ante una docena de testigos: "Yo no me resisto al arresto...", evidentemente, Oswald entendía las peculiaridades del guión. Una de las pocas cosas que se le escuchó decir mientras se encontraba en custodia fue: "Yo no soy más que un medio...", lo que fue grabado por algunos periodistas durante su traslado a la estación de policía. Interrogado un día completo por la policía de Dallas y el FBI, el único resultado fueron una docena de palabras.[1] La ausencia de lo que dijo Oswald a la policía es uno de los elementos que hacen increíble la declaración de la Comisión Warren.

Con Oswald vivo y en poder de la policía, los conspiradores tenían un problema: ¿Cómo matar a Oswald con toda la atención de los medios puesta en él?... ¿Cómo se podía llegar a él estando preso?... Es aquí donde entra en escena Jack Ruby, un contacto de la policía con los grupos mafiosos de Dallas que era bien conocido en la estación de policía, por lo que era de los pocos que podía entrar al edificio en aquellas circunstancias.

JACK RUBY

El papel de Ruby es bastante significativo, pues él es la única pieza visible en el tablero del asesinato. Un periodista de Dallas, llamado Seth Kantor, conocía a Ruby y habló con él en las afueras del Hospital Parkland, al que había sido llevado el cuerpo de Kennedy desde el lugar del atentado.[2] La comisión Warren simplemente ignoró a Kantor, aduciendo que él había confundido a Ruby con otra persona. Por su parte, Ruby estuvo presente en la primera conferencia de prensa que dio el Fiscal General del Distrito de Dallas, Henry Wade, y en la que aparentemente él cometió un serio error, describiendo a Oswald como miembro del "Comité de liberación de Cuba", uno de los grupos anticastristas promovido por la CIA. De pronto se escuchó una voz en el auditorio que dijo: "¡Juego limpio con Cuba!" Se trataba de Jack Ruby, el hombre ligado con la mafia, dirigiendo la atención de Wade y de la prensa hacia Oswald, como si fuese miembro del Comité de juego limpio con Cuba. Al parecer, a nadie le sorprendió que un mafioso local supiera cosas como ésta.

Más tarde, Ruby fue a las oficinas de la policía y estuvo ahí varias horas. Al día siguiente regresó y aprovechó un traslado de Oswald para disparar su arma y matarlo... todo "en vivo", delante de las cámaras de televisión. No cabe duda de que Ruby estaba involucrado en la conspiración y era un hombre de acción colocado en el escenario para resolver la situación, además de que fue él el único miembro identificable del grupo conspiratorio.

Jack Ruby nos parece ahora una pieza clave para armar el rompecabezas de aquel atentado; pero no resultó demasiado interesante a los primeros investigadores críticos, quienes prefirieron concentrarse en Oswald y descubrieron que si bien él había sido oficialmente tipificado como un personaje de izquierda —lector de Marx, simpatizante de la Unión Soviética y, por lo menos en un principio, admirador de Castro—, eso no era sino una cobertura para ocultar su filiación con la CIA. Habiendo regresado a los Estados Unidos después de su viaje a la Unión Soviética, él colaboró con la organización de los cubanos anticastristas de Miami, auspiciados por la CIA, actividad que era bien conocida por el FBI.

Por otro lado, Oswald creó un *"Fair Play for Cuba Committee"* (*"Comité de Juego Limpio con Cuba"*), del que él era fundador y único miembro, con sede en Nueva Orleans, en un edificio rentado por la CIA y habitado por cubanos anticastristas. Aunque sin poderlo demostrar, yo creo que esta organización de "juego limpio" no era más que una especie de señuelo creado por el FBI para atraer, y por tanto identificar a simpatizantes de Castro, y también para desacreditar a las auténticas organizaciones que pugnaban por un entendimiento con Cuba; y también, o además, para crear una "leyenda", o historia de covertura que sirviera a Oswald para otros propósitos.[3]

Considerando estos vínculos de Oswald con los Servicios de Inteligencia oficiales, muchos investigadores concluyeron que la investigación tenía su origen en el propio gobierno de los Estados Unidos, o en un área del mismo, ya fuera de tipo civil o militar. ¿Quién había organizado para Oswald aquella covertura?..., el gobierno, por supuesto; y para muchos no podía ser otra entidad diferente a la CIA. Así fue asumido también por algunos elementos del Servicio Secreto británico en aquellos tiempos, como lo hiciera Anthony Cavendish, quien fue amigo de toda la vida de Maurice Oldfiel, quien se convirtió en jefe del M16, además de ser también cercano a George Kennedy Young, segundo de a bordo en la misma organización.

Hace algunos años pregunté a Cavendish qué fue lo que se había comentado en su círculo cuando se supo del asesinato de Kennedy, y a quién atribuían el atentado... ¡A la CIA, por supuesto!, fue su inmediata respuesta. Otros pensaban que los responsables podían ser algunos "clientes" de la Agencia; tal vez los cubanos anticastristas que odiaban a Kennedy porque decían que estaba "vendiendo" a Cuba, y con quienes Oswald, o alguien que decía ser Oswald, había estado trabajando algunos meses antes del asesinato (hasta donde se puede ver, existe consenso entre los investigadores del caso en el involucramiento de los enemigos de Castro).

INFORMACIÓN DE PRIMERA MANO: LA CONSPIRACIÓN COMO UN TRABAJO DE AFICIONADOS

Actualmente existe una obvia y gran dificultad para asumir como cosa cierta que el crimen fuera planeado y perpetrado por elementos del Estado americano. Si hubiera sido obra de una organización estatal —la CIA, por ejemplo—, ¿por qué acabar con Kennedy de esa manera?... ¿Por qué emboscarlo a plena luz del día, como en una película del oeste? ¿Por qué dispararle desde lejos a un blanco móvil?..., aunque el movimiento de la limusina presidencial era lento, el objetivo no está lo suficientemente quieto como para tener la seguridad de acertar. Si se falla en el intento, el resultado es un presidente muy enojado, que utilizará todo el poder del Estado para la persecución de los culpables (hay que decir que varios de los disparos que se hicieron sobre Kennedy efectivamente fallaron. Fueron seis o siete los disparos; dos de ellos se impactaron sobre Kennedy y el gobernador Connally, uno se perdió e hirió levemente a un espectador del desfile, y otro se incrustó en la limusina); pero hay que considerar también que en el caso de que la conspiración hubiera tenido origen en alguna área del Estado, ¿por qué se llevó a cabo de una manera tan desarticulada, tan poco profesional?... Tal vez pudiéramos aducir aquella famosa "ley de Murphy", de que cuando algo puede salir mal, saldrá mal. Pero ¿podría una organización estatal, con toda su experiencia y recursos, planear algo tan gordo como matar al jefe de jefes, al número uno absoluto, y hacer las cosas dejando tanto al azar?

Hasta donde yo sé, existen cuatro personas que tienen información de primera mano del caso: Joseph Milteer, un hombre medianamente rico que es conocido por su orientación de extrema derecha; una mujer adicta a las drogas y "nudista" de bar, que se llama Rose Cheramie; un oficial menor de inteligencia llamado Richard Nagell, y un criminal de baja estofa que es activista de grupos anticastristas, John Martino.

Un par de semanas antes del atentado, Milteer fue abordado en Miami por un informante de la policía, y él le habló de un plan para asesinar a Kennedy con un rifle desde lo alto de un edificio, señalándole que el plan estaba "en marcha", y que "sobre la marcha, durante las siguientes horas después de los disparos, se arrestaría a alguien para mantener tranquila a la gente".[4] Milteer informó del asunto a la policía de Miami, pero el Servicio Secreto, encargado de proteger al Presidente, no entrevistó a Milteer.[5]

La segunda persona con un conocimiento directo del atentado fue Richard Case Nagell, quien, durante muchos años, de manera confusa y elusiva, declaró que él conocía a Oswald y sabía del plan de asesinato; pero, creyendo que de alguna manera se le podía involucrar en el asunto, decidió colocarse en el lugar más seguro posible, es decir, en la cárcel. Dos meses antes del asesinato, Nagell entró en un banco, hizo dos disparos al techo y esperó a la policía.[6]

El 20 de noviembre de 1963, tres días antes del atentado, el subteniente Francis Fruge, de la policía del estado de Louisiana, se presentó en el Hospital Moosa, en Eunice. Ahí se encontraba internada una mujer adicta que había sufrido un *shock* por sobredosis de heroína (en aquellos tiempos eso era mucho menos común de lo que es ahora). Esta mujer era Rose Cheramie, cuyo nombre real es Melba Christine Marcades, quien había sido admitida en el hospital no por el asunto directo de la droga, sino por haber sido golpeada por un auto en la calle. En 1977, el oficial Fruge declaró ante la Comisión Especial de Asesinatos que Cheramie le había contado una historia: Ella estaba en ruta de Florida a Dallas en compañía de dos hombres que parecían cubanos o italianos. Los tres eran parte de una operación de traslado de drogas; pero, en el camino, aquellos hombres le dijeron que dentro de unos días ellos iban a matar al Presidente en Dallas. Cheramie había dicho tener contacto con un hombre que traía un cargamento de heroína desde el puerto de Galveston; pero como el contacto no se presentó, los hombres la arrojaron de su auto y se marcharon; ella, drogada y confusa, fue atropellada por otro vehículo, cuyo conductor la llevó al hospital.

Algo más sobre este caso: Después del asesinato, Cheramie habló con el psiquiatra del hospital, Victor Weiss, y le contó que ella conocía a Ruby y a Oswald, y que en varias ocasiones los había visto juntos en el club de Ruby (más tarde, el subteniente Fruge confirmó que ella trabajaba como *stripper* para Ruby), y que Ruby era parte de un complot para asesinar al presidente Kennedy; parece obvio que ella tenía razón, dado su comportamiento aquel día en Dallas.

El 25 de noviembre, después de que realmente ocurrió lo que Cheramie le había contado, Fruge regresó a entrevistarla de nuevo en el hospital, y obtuvo una versión más detallada de la historia, que se validaba cada vez más al irse publicando información los días siguientes. El jefe Fruge se comunicó con el capitán Fritz, de la policía de Dallas para relatarle lo que ellos sabían, pero el capitán les dijo que ellos no estaban interesados en entrevistar a la testigo. En aquellos momentos la decisión de Washington ya estaba tomada: Oswald sería declarado el asesino solitario y el caso podía considerarse resuelto.[7]

Una historia banal como la que relata Cheramie revela la existencia de una organización criminal; pero sin duda de bajo nivel: una *stripper* adicta que va a recoger un pequeño cargamento de droga para su jefe, Jack Ruby, quien no era más que un mafioso de poca monta de Dallas..., nada de esto podría parecer un juego de "grandes ligas".[8] Pero, ya sea que interpretemos esto como algo trivial o no, la verdad es que nos presenta la posibilidad de dos escenarios: o los planes de Oswald estaban siendo objeto de muy imprudentes rumores en los bajos fondos, o estos planes coincidían con otra conspiración en marcha que no era la de Oswald, pero que era la que se rumoreaba.[9] En cualquier caso, personajes como Milteer y Cheramie, e incluso Nagell y Martino,[10] no son de ninguna manera el tipo de sujetos que pudieran estar involucrados en un trabajo profesional organizado, digamos, por la CIA.

Incluyendo la manera como Jack Ruby terminó con el evento, la forma como se realizó el trabajo: disparando sobre el objetivo desde larga distancia, indica que los perpetradores no fueron personas que podían acercarse al Presidente; si se determinó Dealey Plaza como el sitio adecuado para el atentado, probablemente fue porque en uno de los edificios de ese conjunto trabajaba Oswald, y desde ahí se dominaba perfectamente el paso de la comitiva, con lo que resulta plausible que un francotirador se hubiera apostado ahí. Para Washington, lo más importante era el control de la información, para lograr el menor costo político posible, reducir la investigación privada, enterrar el asunto y fijar la imagen que los conspiradores habían planeado, aunque realizado de manera incompetente: "presidente muerto-asesino muerto". Para algunos políticos, la actitud del encubrimiento estaba motivada por la ansiedad que les provocaba la posibilidad de que el atentado hubiera sido obra de la Unión Soviética, o de su satélite cubano. Esta creencia fue reforzada por una campaña que se inició inmediatamente después del asesinato, en la que se trataba de vender la idea de que todo había sido obra de Fidel Castro y, por extensión lógica, de la Unión Soviética.[11] Pero hay algo irónico en esta propuesta, pues el culpar a Castro tenía el efecto de motivar el deseo de venganza, y generar la idea de una segunda invasión a Cuba, lo que daba lugar a una fuerte tensión política, estando fresca en la memoria de Washington la Crisis de los Misiles, y el hecho de crear otra confrontación era cosa más de temerse que de desearse; sobre todo cuando la única finalidad por el momento era terminar con las especulaciones y las investigaciones privadas. Así que la versión oficial, promovida por la CIA, fue que ni Castro, ni los soviéticos estaban involucrados en el asunto. Por su parte, el recién nombrado presidente Johnson manejó la idea de que Castro tenía algo que ver en el asunto para crear una línea de investigación extremadamente compleja que no llevaba a ningún lado, y con ello propiciar la aceptación del veredicto oficial, que era la tesis del asesino solitario.[12]

Con Oswald muerto, el Estado, ahora encabezado por Lyndon B. Johnson, tenía que fijar la única noción políticamente satisfactoria: "Oswald mató a Kennedy, y lo hizo solo". Sin embargo, esta propuesta no presentaba el suficiente cariz de credibilidad y seguía propiciando la susceptibilidad popular. A este respecto, J. Edgar Hoover le comentó lo siguiente a Walter Jenkins, asesor de LBJ: "Mi mayor interés, y lo mismo del señor Katzenbach (el Fiscal Federal) es tener algún elemento incuestionable, con el que se pueda convencer al público de que Oswald fue el verdadero asesino."

En una nota del 25 de noviembre, de Nicholas Katzenbach al jefe de asesores de LBJ, Bill Moyers, se lee lo siguiente:

> Es importante que todos los hechos que rodean el asesinato del presidente Kennedy se hagan públicos, de manera que se satisfaga la necesidad de información de la gente en los Estados Unidos, y con ello se logre lo siguiente:

> El público debe estar satisfecho con la declaración de que Oswald fue el asesino, con el hecho de que no tuvo cómplices que pudieran permanecer en libertad, y con la idea de que la evidencia es tal que sin duda Oswald hubiera resultado culpable en un juicio.

El comunicado de Katzenbach termina así: "Necesitamos algo que frene la especulación pública o expresiones inadecuadas en el seno del Congreso."

En Washington se sentía la urgente necesidad de echar tierra sobre el asunto. Los investigadores de la policía de Texas se habían inclinado a trabajar el caso como una conspiración —probablemente como una conspiración comunista, pues ellos habían descubierto el "marxismo" de Oswald—; pero entre el 24 y 25 de noviembre fueron presionados por el FBI para que abandonaran esa idea. En Washington, el senador Eastland propuso una línea de investigación, basada en la idea de Oswald como un comunista, ante el equipo que él dirigía: el Subcomité de Seguridad Interna.

El 28 de noviembre, un congresista propuso crear un "Comité Congresional Conjunto" que fuera la instancia directiva de la investigación; pero dos días después, el presidente Johnson anunció la formación de la Comisión Warren, con lo que eliminó todas las iniciativas del Congreso.[13] En una primera instancia, LBJ había pensado en una investigación de la policía de Texas, misma que él podía controlar; pero los asesores de Washington no estuvieron de acuerdo con eso; tal vez porque creían que aquello rebasaría su propia injerencia en el asunto, o porque pensaban que no se lograría la suficiente credibilidad, o probablemente porque sabían que los texanos seguirían la línea de Oswald-comunista, la cual, como había señalado Katzenbach en su nota del 25 de noviembre, estaba claramente dentro de la lista de cosas que Washington no quería que se ventilaran. En el ínterin, Katzenbach escribió:

> La especulación acerca de las motivaciones de Oswald deben ser cortadas de tajo; es necesario que tengamos bases para rebatir la idea de que se trató de una conspiración comunista (como dice la prensa de la Cortina de Hierro), o que se trató de una acción de la extrema derecha para inculpar a la izquierda.
>
> Desgraciadamente, los hechos respecto de la personalidad de Oswald apuntan en

> el sentido del comunismo (marxismo, Cuba, esposa rusa, etcétera). La policía de Dallas ha manejado abiertamente la teoría de una conspiración comunista, y eran ellos los que estaban a cargo de todo cuando Oswald fue baleado, y por tanto silenciado.

Este memorándum da cuenta de la total falta de interés acerca de la verdad. Las llamadas telefónicas de LBJ durante este periodo fueron grabadas, por lo que ahora tenemos transcripciones de lo que decía. En ningunas de las conversaciones que él sostuvo los primeros días después del evento, manifestó interés alguno por "la verdad", y lo mismo sus interlocutores. En su nota, el mismo Katzenbach deja traslucir su sospecha de que la historia montada sobre Oswald no era más que una puesta en escena —"todo encaja demasiado bien", escribió—; pero, de cualquier manera, lo que él quería era una historia creíble.

Durante años, después del atentado, se fueron revelando los vínculos de Oswald con algunas instancias gubernamentales —en particular con la CIA y el FBI—, con lo que se hizo claro que, en el caso de estos organismos se tenía un particular interés en el enmascaramiento del asunto..., hubieran o no estado involucrados en el crimen. De cualquier manera, el nombre de Oswald aparecía en los expedientes de la CIA, del FBI, de los Servicios de Inteligencia Naval y sólo Dios sabe dónde más; así que, casi de manera automática se echaron a andar los mecanismos de cobertura.

Viendo las cosas en retrospectiva, resulta obvio que en todas las áreas de la burocracia de inteligencia, lo primero que se hizo fue proteger sus archivos y echar a andar una campaña de desinformación acerca de Oswald y de sus relaciones con él; y de alguna manera lo hicieron en forma conjunta, pues a ninguno convenía que la información saliera a la luz. Cuando surgió el nombre de Oswald, muchos funcionarios de la CIA y del FBI sabían que sus organizaciones tenían vínculos con él, por lo que se hacía necesario borrar sus huellas.

Un análisis detallado de estos vínculos rebasa las intenciones de este libro; pero consideremos al menos lo siguiente: Aunque las investigaciones sobre las actividades de Oswald se realizaron de manera superficial, de todas maneras conducían a las operaciones —en aquellos tiempos secretas— en contra de Castro en Miami, y las operaciones antisoviéticas que manejaba la CIA en la ciudad de México.[14] Su falsa filiación de izquierda y su traición a los Estados Unidos pudiera haber sido parte del proyecto operativo de la CIA. Desde mi punto de vista eso es probable, pero no seguro. De cualquier manera, es de todos conocido que la CIA colocaba falsos "traidores" en la Unión Soviética, y lo mismo hacía la KGB en los Estados Unidos; pues aquellos eran los tiempos de las "grandes ligas" del espionaje.

Resulta extraño que Oswald tuviera relaciones con personajes como George de Mohrenschildt, y otros rusos "blancos" que vivían en el área de Dallas, entre los cuales fue depositado a su regreso de la Unión Soviética. ¿Acaso un marxista convencido y traidor a su patria podía buscar refugio y ser acogido por un grupo de ricos rusos blancos (obviamente antisoviéticos) expatriados, que se habían radicado precisamente en Dallas, que era el centro de operaciones de la extrema derecha?... En su testimonio ante la Comisión Warren, George de Mohrenschildt, quien al parecer fue el principal protector de Oswald en ese periodo, llamaba "solidaristas" a los rusos blancos de Dallas, Pero, ¿quiénes eran estos "solidaristas"...?, nada menos que miembros, o patrocinadores de la NTS, un grupo antisoviético que había venido funcionado desde finales de la Segunda Guerra Mundial; al principio en asociación con el M16 británico, y más tarde, a partir de 1956, con la CIA.

Estando así las cosas, uno no podría pensar en una organización que estuviera menos interesada en recibir a un marxista prosoviético en un grupo de ricos exiliados rusos en Dallas, que patrocinaban una organización manejada por la CIA. Pero resulta que, a su regreso de la Unión Soviética, Oswald es recibido por un hombre directamente relacionado con la CIA y acogido por un grupo de extrema derecha que patrocinaba un operativo manejado por la CIA. Por otro lado, el FBI también tenía muchos puntos oscuros que ocultar, pues habiéndose decidido contar la historia de Oswald como el asesino del Presidente, pudieran ser considerados corresponsables del asesinato, por lo menos por el hecho de no haber puesto el suficiente empeño en la supervisión de un individuo con rasgos de personalidad tan peligrosos, que vivía precisamente en Dallas. Había que considerar, además, que la administración Kennendy había presionado considerablemente a J. Edgar Hoover para que renunciara a su cargo, con objeto de que diera paso a un hombre más joven y menos obsesionado por la supuesta amenaza comunista. Pero entonces sucedió la más espeluznante ironía: el propio Presidente es asesinado por un ser extraordinariamente peculiar: un marxista americano, traidor a su patria y fiel servidor de los enemigos soviéticos, que comete el crimen más atroz en las propias narices del gran "cazador de rojos" y de su cuerpo de profesionales: el FBI.

Es bastante posible, aunque todavía no probado, que el FBI usara a Oswald como parte de un programa de contrainteligencia llamado "Cointelpro", que era un operativo tendiente a captar y desorganizar a gente de izquierda con el señuelo de un supuesto "Comité de juego limpio con Cuba". Sin embargo, las presiones de los grupos civiles que pugnaban por la libertad de información no pudieron obtener un solo documento del FBI concerniente al operativo "Cointelpro".

Yo asumo como una hipótesis plausible que Oswald trabajaba, en un bajo nivel, como informante del FBI, y probablemente como provocador encargado de promover el Comité de juego limpio con Cuba, que ciertamente era una especie de "trampa de miel", para atraer a simpatizantes de la izquierda, de diversas tendencias.

La curiosa conducta de Oswald en Nueva Orleans (sus programa de radio "Yo soy marxista"; su arresto por repartir panfletos de "manos fuera de Cuba" —un evento promovido por cubanos anticastristas—; sus relaciones con varios grupos de izquierda; la fundación que hizo en Nueva Orleans de un ramal del Comité de juego Limpio, cuya sede era precisamente la oficina de un violento anticastrista y agente del FBI llamado Guy Banister) responde claramente a la creación de una identidad como partidario de la izquierda y activista a favor de Castro, cuando es evidente que trabajaba para una instancia de inteligencia gubernamental, probablemente el FBI, y bajo las órdenes de Guy Banister. Es bien sabido que el FBI utilizaba antiguos agentes, como Banister en operativos secretos.

Después de muchas y muy conflictivas especulaciones, finalmente la tesis del "asesino solitario" resultó la más conveniente para el complejo de la industria militar, para el sistema político en su conjunto y, por razones todavía inexplicadas, para la propia familia Kennedy.[15] En la larga conversación a la que se alude en la nota 12, al final del presente capítulo, en la cual LBJ lo mismo halaga que amenaza al senador Russell para que forme parte de la Comisión Warren, lo único de lo que no se habla es de la búsqueda de la verdad. Los políticos simplemente no están interesados en la verdad, excepto cuando ésta puede ser útil para lograr sus objetivos: obtener o conservar el poder, o por lo menos reducir el poder de sus oponentes. En toda la documentación recopilada respecto del tratamiento político del caso Kennedy se nota una casi total falta de interés acerca de la verdad, incluyendo a los que fueran colegas del Presidente en el Partido Demócrata, en el Sistema Judicial, o incluso en los miembros de su propia familia; la verdad simplemente no forma parte de sus agendas. La muerte de Kennedy y la de su supuesto asesino se manejaron como problemas políticos, ya fuera para ser resueltos, o solamente para ser capitalizados en causas políticas.

La Comisión Warren

Muy poco tiempo después de convertirse en presidente, Lyndon B. Johnson prácticamente torció el brazo del antiguo Secretario de Justicia,

Earl Warren, para que dirigiera la investigación oficial del atentado, apoyado por un grupo de personas consideradas muy capaces e importantes. Una de ellas era Allen Dulles, quien había sido destituido como director de la CIA por Kennedy, después de haber fallado en todos sus intentos por deponer a Castro..., ¡de nuevo Cuba!

Se contrataron varios equipos de abogados especializados para dar estructura legal a la información, lo que no significaba realmente apoyar la investigación, sino utilizar la evidencia provista por el FBI para elaborar un reporte que demostraría que Oswald había sido el asesino, y que había actuado solo. Los miembros políticos de la Comisión no prestaron mucha atención a la estructura formal del reporte, pues asumieron que era algo que nadie se molestaría en leer. Se hizo famoso lo que dijo una vez el comisionado Allen Dulles: "Nadie lee. Yo no creo que en este país la gente lea. No faltarán algunos profesores que lean el informe..., pero el público lee muy poco".[16]

El reporte Warren fue publicado y recibido (sin duda sin que se leyera) por los medios de comunicación, y todo se cumplió como debía ser.

Pero las cosas no ocurrieron como debían ocurrir: el plan falló. El zurcido y bordado con el que se vistió el asesinato fue objeto de un exhaustivo lavado y blanqueado. Los comisionados y los autores del famoso reporte no pensaron que en los Estados Unidos hubiera tanta gente tan recelosa y escéptica respecto de las declaraciones del gobierno, tanto que se tomarían el trabajo de leer y analizar el reporte, en busca de la verdad, y que mucha gente se daría cuenta de que en realidad era un galimatías sin sentido.

El hecho de que el reporte Warren hubiera fracasado como anestésico de la conciencia americana fue un error de sus creadores. El propio material con el que trabajamos los autores era una gran masa de elementos de tan diversa forma y tamaño que no era lógico colocarlo en la misma vitrina. La "evidencia" que inculpaba a Oswald era relativamente adecuada para un asesino muerto... Un caso abierto e inmediatamente cerrado en las manos de la policía de Dallas, en lo que entonces era la Texas provinciana. Pero sin duda el caso no era sustentable si se le sometía a un minucioso escrutinio. Si se hubiera llevado a juicio, un abogado medianamente decente hubiera hecho pedazos aquella historia. En realidad no había una sólida evidencia que relacionara a Oswald con aquel evento.

La evidencia encontrada en el edificio del depósito de libros: huellas dactilares encontradas en un mueble archivero del sexto piso es algo perfectamente explicable, pues Oswald trabajaba ahí; las supuestas huellas de éste en el rifle son muy dudosas, además de que no se obtuvieron pruebas confiables de que los disparos salieran de aquella arma (los disparos que hicieron los agentes del FBI no lograron reproducir el efecto que pudiera considerarse una réplica de lo que supuestamente hizo Oswald desde su posición, ya se usara el rifle de Oswald o cualquier otro, incluso más sofisticado). No hubo ningún testigo ocular de los disparos. Las fotografías que muestran a Oswald posando con el rifle, que él señaló como trucadas, efectivamente lo fueron, como se comprobó más tarde; se produjeron avistamientos de un "segundo Oswald"..., y cosas por el estilo. Todo fue planeado de una manera fría, con objeto de presentar la escenografía y "probar" la historia presidente muerto/asesino muerto.

Además, ahí está la terrorífica escena de Oswald siendo baleado delante de las cámaras de televisión por un *gangster* de Dallas. Ruby era un hombre de la mafia en Dallas, un "soplón" de la policía y un oficial menor del crimen organizado. Es sumamente extraño que la Comisión Warren hubiera ignorado estos hechos; pero simplemente se pasó por alto la biografía de Ruby y se soslayó el que él fuese un *gangster*.[17]

Cuando un pequeño grupo de personas comenzó a dudar del veredicto oficial y se dio a la tarea de atar cabos, casi de inmediato se vino abajo la versión oficial. Entre 1964 y 1967 aparecieron varios libros en los que se desvirtuaba por completo la teoría oficial; algunos de ellos son los siguientes: *Oswald: Assassin or Fall-guy?* (*Oswald, asesino o víctima*) (1964), de Joachim Joesten; *Who Killed Kennedy?* (*¿Quién mató a Kennedy?*), de Thomas Buchanan; *The Unanswered Question about President Kennedy's Assassination* (*Preguntas sin respuesta en el asesinato del presidente Kennedy*) (1965), de Sylvan Fox; *Rush to Judgement* (*El juicio apresurado*), de Mark Lane; *Inquest* (*La investigación*), de Edward Epstein; *The Second Oswald* (*El segundo Oswald*), de Richard Popkin; *Six Seconds in Dallas* (*Seis segundos en Dallas*) (1966), de Josiah Thompson; *Whitewash* (*El blanqueado de un cri-*

men), de Harold Weiserg; y, en 1967, *Accesories After the Fact* (*Los hechos después de los hechos*), de Sylvia Meagher.[18] Los que obtuvieron mayor atención de los medios fueron los de Epstein y Lane.

NOTAS

[1] Algunas fotografías de páginas manuscritas, notas y apuntes breves del jefe de la policía de Dallas, el capitán Fritz se pueden consultar en <http://www.jfk.com/fritztit. htm>. Si estas notas son completas, en realidad Oswald prácticamente no dijo nada importante, pues, al parecer, estaba en espera de su abogado.

[2] Hay una fotografía de un hombre de espaldas frente al Hospital Parkland que se parece mucho a Jack Ruby que apareció en la portada de un panfleto titulado *Forgive My Grief III* (*Perdone mi pesar*) escrito por Penn Jones Jr. (Midlothian, Texas; publicación de autor, 1975, reimpreso en 1976). Existe una interesante reseña del perfil de Ruby en "Who was Jack Ruby?" (¿Quién fue Jack Ruby?), por Gary Cartwright (1975), en <http://www.texasmonthy.com/archive/ruby/ruby.1.phb.>. Aquí se dice lo siguiente:

Él no bebía, no fumaba y era un violento opositor a las drogas, aunque mantenía su elevado nivel de energía consumiendo "Preludin" que es un estimulante; sin embargo se rumoraba que dirigía un negocio de tráfico de drogas. Él estaba involucrado en varios negocios turbios de tipo financiero, protegido por la IRS. Un estafador que se hacía llamar Harry Sinclair Jr. les dijo a unos agentes del Servicio Secreto que Ruby lo había involucrado en un asunto del tipo "pierde y corre". Al parecer, Ruby proporcionaba el dinero en efectivo y presentaba las víctimas a Sinclair (se dice que una de las víctimas fue H. L. Hunt). En el caso de que Sinclair ganara, simplemente recogía el dinero; si perdía, emitía un cheque sin fondos y se marchaba lo más rápido posible. Ruby obtenía el 40 por ciento de las ganancias.

[3] Los vínculos de Oswald con la CIA son reseñados a detalle por el antiguo oficial de inteligencia John Newman, en su libro *Oswald and the CIA* (Nueva York, Carroll and Graf, 1995). No existen documentos disponibles en los archivos de la organización Libertad de Información respecto de la operación del FBI llamado "Cointelpro", que se relacionaba con el grupo Comité de

juego limpio con Cuba. En mi opinión, no hay evidencia real de que existiera en verdad este operativo específico, pero ciertamente hubo un "Cointelpro", en contra de los diversos grupos de izquierda en aquellos tiempos, por lo que es válido suponer que esa operación sí existió y simplemente se suprimió toda la información. Existe una gran cantidad de documentos del programa "Cointelpro", y otros informes, en <http://www.derechos.net/paulwolf/Cointelpro>.

[4] Anthony Summers, *The Kennedy Conspiracy* (*La conspiración Kennedy*), (Londres, Warner Books, 1998, pp. 308-309). Se trata de una puesta al día de un libro anterior del mismo autor llamado *Conspiracy*, de 1980. El material recopilado por Milteer se encuentra completo en el de Summers.

[5] En <http://mcadams.posc.mu.edu/milteer.htm> se puede leer un amplio texto, marcado por el escepticismo, en el que se trata fallidamente de desvirtuar lo dicho por Milteer. Ésta es una sección de uno de los mejores sitios de Internet acerca de JFK, a pesar de que se manifiesta una marcada hostilidad hacia los críticos de la Comisión Warren. La consulta de estos mate-

riales resulta muy esclarecedora, debido a que se muestra la incompetencia y falta de sensatez de muchos de los críticos, lo que resulta interesante, e incluso a veces divertido; por ejemplo, en <http://mcadams.posc.mu.edu/rashomon.htm> se muestra una lista de 61 personas que fueron señaladas como autores de los disparos.

[6] La exasperante y básicamente incomprensible historia de Nagell se narra en el libro *The Man Who Knew Too Much* (*El hombre que sabía demasiado*), (Nueva York, Caroll y Graf, 1992). Con más de sus setecientas páginas, este libro es un auténtico reto para el lector.

[7] Esto ha sido tomado del fascinante artículo de Jim DiEugenio: "Rose Cheramie: La mujer que predijo el asesinato de Kennedy", que se puede leer en <http://www.webcom.com/ctka/probenframes.htm.>. Hay otro interesante artículo de Cheramie, llamado "Rambling Rose", de la investigadora inglesa Chris Mills, en <atl.conspiracy.jfk.moderated>. Cheramie fue asesinada en 1965.

[8] El club de *strip* de Ruby, llamado *The Carousel* responde al estereotipo que se maneja en la televisión y el cine respecto de estos lugares; aunque el perfil de Ruby que

se muestra en la revista *Texas Monthly*, que es reseñado en la nota 2, parece no coincidir con ese estereotipo.

[9] Esta idea de una "segunda instancia conspiratoria" pudiera recordar una extraordinaria escena que se narra en el volumen primero de *Illuminatus Trilogy*, en la que varios equipos de asesinos pelean entre sí para lograr ubicarse en las mejores posiciones de tiro. Eso nos hace pensar que es perfectamente posible que hubiese más de una conspiración en proceso en el caso Kennedy. Un hombre que se hace llamar Harry Dean, un "agente libre" de la CIA y del FBI, ha declarado que él logró infiltrarse en un grupo de conspiradores de extrema derecha pertenecientes a la Sociedad John Birch. Sin embargo, Dean no ha sido tomado en serio por los investigadores serios del caso Kennedy, aunque yo no sé muy bien por qué. Su informe se incluye en el libro de Robert Cutler y W. R. Morris, *Alias Oswald* (Manchester, Maine, GKG Partners, 1985), donde se incluye una fotografía de este personaje.

[10] El conocimiento de primera mano que tenía Martino —o, para ser exactos, el conocimiento de primera mano que tenía la viuda

de Martino– se reseña en el magnífico libro de Larry Hancock, *Someone Would Have Talked* (*Alguien debiera hablar*), (Southlake, Texas, JFK Lancer Productions, 2006).

[11] Esto se analiza al detalle en el libro *Deep Politics II*, (*Política profunda II*) de Dale Scott (Skokie, Illinois, Green Archive Publications, 1995).

[12] Señalado en *Bloody Treason* (*Traición sangrienta*), de Noel Twyman (Rancho Santa Fe, California, Laurel Publishing, 1977). Existe una transcripción de una cinta grabada a partir de una conversación telefónica del 25 de noviembre entre Johnson y el senador demócrata Richard Rusell, en el curso de la cual LBJ en repetidas ocasiones hace alusión al peligro Castro-soviéticos, con el evidente propósito de convencer al renuente Russell de que se integre a la Comisión Warren. Yo encontré esa trascripción en la Red; pero no se encuentra la fuente; aparentemente esto fue tomado de un memorándum del 26 de noviembre de 1963 emitido por el entonces Fiscal General de Texas, general Wagoner Carr:

> El señor Fortas me ha informado que se le encargó coordinar los trabajos del FBI, del Departamento de Justicia y del Fiscal Ge-

neral de Texas, para el esclarecimiento del asesinato del presidente Kennedy.

Abe Fortas era el abogado de Bobby Baker y amigo personal de LBJ, quien lo situó en la Suprema Corte, posición que fue obligado a dejar en 1969. (En el capítulo 5 se hablará de Baker). Al parecer, el manejo de Fortas era un intento de LBJ para controlar la investigación. La idea inicial que tenía él era que todo se manejara en Texas; pero finalmente decidió nombrar una comisión presidencial debido a que un grupo de senadores estaban promoviendo la iniciativa de realizar una investigación senatorial conjunta; habiéndose dificultado el disuadirlos de esa idea, su alternativa fue crear rápidamente una comisión presidencial, algo a lo que anteriormente se había opuesto. La idea de una comisión presidencial originalmente había sido sugerida a Johnson por Eugene Rostow, por mediación del ayudante de Johnson, Bill Moyers, y reforzada por el periodista del *New York Times* Joseph Alsop. Respecto de esto se puede consultar el libro de Donald Gibson *The Kennedy Assassination Cover-up* (*El encubrimiento en el asesinato de Kennedy*) (Huntindong, NY: Nova Science Publishers, Inc., 2000, pp. 54-66), en donde se incluye una transcripción de la llamada Alsop-Johnson, en la que Alsop expresa la idea de la comisión.

[13] Las maniobras acerca de esto han sido tratadas con amplitud en muchas publicaciones. El relato más reciente que yo he leído se encuentra en Gibson (ver nota 12).

[14] La dependencia de la CIA que se ocupaba de la relación con la Comisión Warren era la de James Angleton, quien era jefe de los Servicios de Contrainteligencia en la Agencia. Algunos miembros de su equipo participaban en operaciones de espionaje en la Embajada de la Unión Soviética en la ciudad de México, que en algún momento visitó Oswald, o alguien que se hacía pasar por Oswald (o ambos). Esto es reseñado a gran detalle por Peter Dale Scott en *Deep Politics II* (ver nota 11). Yo supongo que Angleton fue colocado en ese puesto para asegurarse de que este material no llegara a formar parte de la agenda.

[15] Para el sistema político era muy conveniente suprimir la investigación del escándalo de Bobby Baker en 1963, pues eso afectaba la imagen de Lyndon B. Johnson. Finalmente, el caso fue postergado el tiempo suficiente como para que no dañara a

Johnson. De esto se hablará en el capítulo 5.

[16] Sólo un millar de ejemplares de los 26 volúmenes de evidencias recogidas por la Comisión Warren fueron impresos originalmente; por fortuna, uno de ellos se encuentra en la biblioteca de Hull, donde yo pude consultarlo en 1976, y me convertí en la primera persona en hacerlo después de una década de haber sido incorporados a la biblioteca. Ya fuera por incompetencia, apresuramiento o deseo de dificultar las cosas, la información carecía de estructura, era una masa caótica.

[17] Cuando se le preguntó por qué había hecho eso, él respondió con gran aplomo que lo había hecho para ahorrarle a Jackie Kennedy la pena de tener que participar en el juicio de Oswald. La Comisión Warren tuvo que trabajar duro para evitar que se investigara a Ruby. Sobre esto se puede consultar el estudio de David Scheim, *Contract on America: The Mafia Murder of President John F. Kennedy* (Nueva York: Shapolsky Publishers, 1988), especialmente el capítulo 14. Este libro también ha sido publicado con el título *The Mafia Killed the President Kennedy* (*La Mafia mató al presidente Kennedy*). Acer-

ca de los detalles de la carrera de Ruby, se puede consultar *Deep Politics and the Death of JFK*. (Londres, University of California Press, 1993), capítulos 8 y 9.

[18] Una razonable reseña de los libros más importantes de la literatura Kennedy se encuentra en: <http://spot.acorn.net/jfkplace/09/fp.back_issues/biblio_alpf.html>.

3. Más allá del trasfondo: la investigación de Nueva Orleans

A partir de 1967 las cosas comenzaron a tomar gran velocidad, en parte a causa de la acumulación de información por el trabajo de los investigadores, y por el efecto especial causado en el público por los libros de Lane y Epstein, aunque también por otras publicaciones que aparecieron en el mismo periodo. Aunque no hay que dejar a un lado las influencias del contexto político: la guerra de Vietnam se había expandido y ya era constante la procesión de ataúdes que llegaban a los Estados Unidos con los cuerpos de aquellos hombres jóvenes, en su mayoría negros, que de esa manera regresaban a sus hogares. Así que la oposición a la guerra era cada vez mayor. Las consecuencias de la guerra se sentían ya en casa y el asesinato del presidente Kennedy era todavía un tema vigente.

Para 1967, el informe de la Comisión Warren se encontraba ya en el bote de la basura; pero tampoco se contaba con una teoría coherente que explicara lo que pasó. En 1967, cualquiera —la CIA, los cubanos anticastristas, el FBI, los militares, la industria petrolera, la KGB, la Mafia..., o una combinatoria entre ellos— podía ser propuesto como sospechoso del magnicidio. Pero, en el fondo de todas estas especulaciones se encontraba la gran pregunta: *¿cui bono*? (¿para quién es bueno?; ¿a quién beneficia?), siendo ésta una idea que por lo menos proporcionaba un método simple y directo que guiaba la mente de los investigadores y daba estructura al material informativo. Pero aquel paradigma no era demasiado orientador, pues, al parecer, la muerte de Kennedy beneficiaba a todos; por supuesto, a todos los que hemos mencionado antes como sospechosos, además de a uno que otro dictador latinoamericano, a los promotores de la guerra de Vietnam, e incluso a la derecha italiana, amenazada por la expresa voluntad de Kennedy de tolerar la presencia de los comunistas en el gobierno italiano de coalición.[1] Aunque, bien visto, a los únicos que no beneficiaba la muerte de Kennedy era a los soviéticos y a Fidel Castro, quien hubiera perdido al Presidente con quien había hecho un acuerdo en el sentido de no invadir Cuba.

En 1967, Jim Garrison, el Fiscal de Distrito de Nueva Orleans (caracterizado por Kevin Costner en la película de Oliver Stone, *JFK*) entró en el escenario histórico.[2] Oswald había estado algún tiempo en Nueva Orleans, colaborando con los grupos anticastristas, pero fungiendo como activista en pro de Cuba. En 1963, la oficina de Garrison siguió la pista de las relaciones de Oswald en ese doble juego, hasta encontrarse con un personaje fascinante: David Ferrie, un piloto comercial que había sido despedido por ser *gay*, y quien también había actuado como supuesto sacerdote en una pequeña secta católica, como activista anti-Castro y como agente del principal mafioso de Louisiana: Carlos Marcello. Ferrie era una de esas figuras exóticas que por sí mismas llaman la atención; pero, en el tiempo en que Garrison comenzó a investigar a Ferrie, se encontró con que el FBI, que era precisamente el organismo al que reportaba su oficina, no estaba interesado en el personaje (lo mismo que pasó al subteniente Fruge con Cheramie), lo cual es bastante comprensible, pues en esos tiempos Washington había definido ya su posición de defender a ultranza la tesis del asesino solitario, y lo que menos quería el FBI era que se presentaran otra clase de distractores. Garrison acató la línea de los Federales, regresó a su trabajo habitual y se olvidó del asesinato del Presidente, por lo menos hasta 1966, cuando el senador de Louisiana, Russell Long, le comentó que él no creía en lo que había determinado la Comisión Warren.

No era cualquier cosa lo que estaba haciendo Long; ningún político de primera línea se atrevía a levantar la cabeza por encima de su parapeto de seguridad para decir que no le parecía aceptable aquella versión de los hechos. Aquello despertó enormemente el interés de Garrison, y de inmediato adquirió el reporte Warren, con todo y sus anexos de evidencia, y comenzó a leerlo, dándose cuenta de lo inverosímil que resultaba aquel documento, por lo que se animó a retomar la línea de investigación que había suspendido en 1963, persuadiéndose a sí mismo de que en aquellos tiempos él había tocado los linderos de una conspiración que le había quitado la vida al presidente Kennedy, y si he dicho que Garrison "se persuadió a sí mismo", es porque ahora resulta difícil leer los relatos de lo que él hizo sin preguntarse en qué diablos estaba pensando cuando enfocó sus baterías hacia Clay Shaw, un auténtico patricio en su sociedad; hombre de negocios *gay*; dramaturgo y artista; frecuentemente entrevistado en la televisión local; bien conocido en la ciudad por su defensa de las zonas históricas de Nueva Orleans. Era difícil imaginar un hombre menos sospechoso de conspirar para asesinar a JFK.[3]

De cualquier manera, es interesante reconocer que hay una dimensión homosexual en las circunstancias que rodearon la muerte de Kennedy, a pesar de que muchos investigadores son reacios a considerar este dato como algo significativo. Clay Shaw, el hombre a quien Garrison acusó y David Ferrie, a quien Garrison también hubiera acusado de no haberse suicidado antes (o de que "lo hubieran suicidado") eran *gais* y se movían en el mismo círculo. Hay una fotografía de 1955 en la que aparece Ferrie vestido como un miembro de la "patrulla civil antiaérea" —la versión de la fuerza aérea de los "*boy scouts* marinos"—, acompañado de un grupo de muchachos, entre los que se encuentra nada menos que Lee Harvey Oswald.[4] Yo tengo la idea de que Jack Ruby también era un hombre *gay*, pero "en el clóset".

Una de las personas a las que contactó Garrison en el proceso de su investigación fue al abogado de Nueva Orleans Dean Andrews, quien había conocido a Clay Shaw bajo el seudónimo de Clem Bertrand, cuando éste lo contrató para ayudar a unos "pobres chicos mexicanos *gais*" que estaban en problemas con la policía. Andrews decía que entre esos "chicos" se encontraba Oswald.[5] Por otro lado, Rose Cheramie, la *stripper* adicta que predijo el atentado, en una ocasión se refirió a Ruby y a Oswald como "esos mariquitas que andan juntos desde hace años". Aquí vemos cómo la línea de investigación de Garrison en Nueva Orleans lo condujo al mundo *gay*, en donde gravitaban Ferrie, Shaw y (posiblemente) Oswald, con lo que Garrison pensó que había localizado el meollo de la conspiración que mató al presidente Kennedy, cuando en realidad había entrado en el corazón de la subcultura *gay* de Nueva Orleans.

En su libro *On the Trail of the Assessins* (*En la pista de los asesinos*), en donde Garrison se maneja con un supuesto sentido de objetividad, yo no encuentro que tuviera ni siquiera los elementos primarios para formalizar un caso judicial en contra de Shaw. Los defensores de Garrison, pues existen algunos, como Jim DiEugenio, Lisa Pease y recientemente el profesor Joan Mellen, podrán decir que, de cualquier manera, Shaw prestaba cierta clase de servicios a la CIA, lo que sin duda es verdad; aunque en un sentido muy amplio, pues sus "servicios" a la Agencia fueron los mismos que prestaron ciertos hombres de negocios americanos que en la década de los cincuenta reportaban a la Agencia lo que habían visto durante sus viajes al extranjero.

La gran insustancialidad del caso Garrison no se puso de manifiesto hasta que la investigación, y el juicio en sí mismo, fue descubierto y explotado por los medios masivos de comunicación, llamando especialmente la atención de aquellos que ya estaban empeñados en la investigación del caso Kennedy. Aquella nueva línea de búsqueda resultaba interesante, y todos los materiales que había recogido Garrison en el proceso —buenos y malos, creíbles e increíbles— fueron difundidos ampliamente. Uno de los elementos más significativos de la investigación de Garrison es que él tuvo acceso a la película *Zapruder*, un filme privado y casero en el que se muestra el momento en que el Presidente es abatido. Al difundirse este material, por primera vez un grupo de civiles americanos, en la sala de la corte de Nueva Orleans, pudieron ver la patética escena de la cabeza de Kennedy estremecida en medio de un halo de partículas de sangre y masa cerebral, en el instante mismo en que la bala —o balas—, que no hubieran podido ser disparadas por Oswald desde su posición, penetraban por el frente de aquella cabeza.[6]

El proceso de Garrison en contra de Clay resultó fallido; pero, independientemente de su validez jurídica tuvo un efecto muy significativo en la opinión pública, pues creó la conciencia de que el reporte Warrren no era el final de la historia.[7]

En este proceso se vio y se oyó a Garrison inculpar a organismos gubernamentales —como la CIA y otros no muy definidos en sus declaraciones— por el asesinato del Presidente, lo que tenía un peso en la mente del público, pues quien decía aquello no era un ciudadano cualquiera, sino el Fiscal de Distrito de una importante ciudad americana. Además, el contexto ayudaba mucho. Fue afortunado para Garrison el hacer cargos contra la CIA, a partir de unas revelaciones que aparecieron originalmente en la revista *Ramparts* y que presentaban tal evidencia que resultaba imposible para los voceros gubernamentales y los políticos simplemente negarlo todo, sin argumentos válidos en contra.

Los comentaristas de Garrison no han logrado dar buena cuenta de por qué hizo lo que hizo... ¿egolatría?... ¿búsqueda de notoriedad? Eso es difícil de creer, pues el cargo de Fiscal de Distrito es de elección, por lo que su índole es política. ¿Lo hizo por incompetencia?..., todo puede ser.

En su libro *Contracts in America* (*Los acuerdos en los Estados Unidos*) (Nueva York, Sahpolsky Publishers, 1988). David Scheim señala, como habían hecho otros antes que él, entre los varios candidatos que él consideraba como protagonistas del caso JFK, que curiosamente Garrison no incluyó al crimen organizado, a pesar de que él conocía los vínculos de por lo menos uno de los principales sospechosos, a David

Ferrie, quien trabajaba para Carlos Marcello, que era un conocido mafioso y sin duda estaba enhebrado en la trama de Garrison.

No sería lógico pensar que, como Fiscal de Distrito, Garrison no estuviera enterado de las actividades de Ferrie en su jurisdicción. Así que Scheim, con su manera de interpretar la evidencia, invita a los lectores a considerar la hipótesis de que, por lo menos en parte, Garrison condujo la investigación en un sentido tal que pudiera desviar la atención de sus amigos mafiosos, proponiendo que Garrison, como Fiscal de Distrito y más tarde como juez, de hecho trabajaba para la Mafia, y que su investigación en realidad fue un operativo de desinformación.[8]

Yo no creo que la investigación de Garrison hubiera sido *per se* un deliberado proceso de desinformación, pero es claro que tuvo precisamente ese efecto y que lo sigue teniendo hasta ahora, sirviendo como fundamento para historias como la llamada "Permindex", uno de los más significativos de una serie de proyectos desinformativos que se han producido en torno del caso Kennedy.

UNA DIGRESIÓN ACERCA DE LA DESINFORMACIÓN

El primero, y potencialmente más peligroso proyecto desinformativo que apareció inmediatamente después del asesinato fue el intento de persuadir a los medios, y a la propia administración estatal, de que Oswald trabajaba para el bloque soviético, ya fuera directamente para los soviéticos o para Cuba.[9] Esta teoría conspiratoria enfocada hacia el comunismo fue la que manejó la policía de Dallas,[10] y se apoyaba, entre otras cosas, en lo que el 25 de noviembre había dicho un doble agente nicaragüense a un oficial de la CIA apostado en la ciudad de México, y eso era que él había visto a Oswald en la Embajada de Cuba en México, y que él había sido reclutado para matar a Kennedy.[11] Esta información se hacía creíble para la policía de Dallas en virtud de que hacía evidente la orientación de Oswald hacia la izquierda; pero se vuelve poco sostenible cuando se piensa en la improbable intención de los cubanos de eliminar a Kennedy.

El segundo proyecto desinformativo que conocemos se llevó a cabo en 1964, cuando agentes de la KGB pagaron al editor Carl Marzani para que publicara el libro de Joachim Joesten *Asesino o víctima*.[12] Este libro tuvo muy poco impacto en el público, pues fue sobrepasado por las dos críticas mayores al veredicto de la Comisión Warren y los libros de Epstein y Lane.

El tercer intento desinformativo fue la aparición de un libro pagado por el Servicio de Inteligencia francés, llamado *Farewell America* (*Adiós América... ¡que te vaya bien!*), de un tal James Hepburn, en el que, según recuerdo, se lanzaba la culpa de todo el evento a la CIA, en combinación con la industria petrolera (el ejemplar que tenía de este libro lo presté a un "fan" del caso Kennedy hace veinte años y todavía no me lo ha regresado).[13] Este libro alcanzó cierta notoriedad entre los aficionados a la investigación, a pesar de que había rumores de que se trataba de algo espurio.

Por lo que yo recuerdo, este libro no contenía nada sustancial, y lo único que demostraba era que en 1967 el Servicio de Inteligencia Francés no tenía la menor idea de quiénes habían cometido el crimen. Este libro se menciona como parte del acervo del caso; pero en el contexto de los ejemplos de desinformación, o estrategias para crear un interés efímero.

El centro de los intentos de este tipo fue el desarrollo de la propuesta de que Kennedy fue asesinado por un grupo creado por la coalición entre la mafia y la CIA para matar a Castro, mismo que, ocasionalmente, habría cambiado de objetivo, y en vez de apuntar a Castro lo hizo contra Kennedy.

Aparentemente esto se hizo para distraer la atención respecto de la investigación de Garrison, que lanzaba sus baterías sobre la CIA.[14]

El quinto proyecto, aparentemente promovido por los soviéticos, se enfocó a Clay Shaw, el hombre a quien Garrison sometió a juicio por asesinato. Shaw era director del World Trade Center y había participado en un proyecto de centros de negocios en Italia, promovido por una empresa llamada "Permindex" (Permanent Industrial Exhibitions), cuyo propósito era crear una amplia red de centros de negocios, aunque todos enfocados a favorecer los intereses americanos. Este proyecto era bastante elemental y comprensible; pero en torno a él se creó la historia de que estos centros serían utilizados por la CIA para programar y realizar toda clase de operativos, incluyendo atentados, aduciendo que "Permindex" había participado en el intento de asesinato del general de Gaulle, y posteriormente había tenido éxito en el caso de JFK. Esta teoría apareció por primera vez en un diario prosoviético de Italia, y de ahí fue tomada por una revista de izquierda en Nueva York, por otra similar en Canadá, y de allí llegó a formar parte de la investigación de Garrison, quien creía en ella, aunque sin ninguna prueba objetiva. En su libro de 1988, *En la pista de los asesinos,* Garrison dedica un par de páginas al asunto "Permindex", en las que cita exclusivamente las fuentes italianas y canadienses.[15] Algunas partes de la historia de "Permindex" —que en sí misma es una pieza desinformativa— fueron recogidas e integradas para formar el núcleo ideológico del libro desinformativo más famoso y perdurable del caso Kennedy: *Nomenclature of an Assassination Cabal* (*Nomenclatura de un asesinato maquinado*), de William Torbitt, mejor conocido como "Memorándum Torbitt".

En este libro se retoma la propuesta de Garrison respecto de la CIA en el asesinato, derivándolo a la directa responsabilidad del FBI, lo que, desde mi punto de vista, indica que este autor (o autores) trabajaba para limpiar la imagen de la CIA, tratando de disminuir el "efecto Garrison". Al principio del primer capítulo, Torbitt dice abiertamente que el crimen fue obra del FBI, confabulados con la Agencia de Inteligencia de la Defensa, quienes manejaron un "grupo de control". Pero se dice que estos dos organismos crearon otra Agencia, ésta sí verdaderamente secreta, que era el *Defense Industrial Sercurity Comand* (*Comando de la defensa para la seguridad industrial*), (DISC). Resulta entonces que Clay Shaw, David Ferrie, et ál, originalmente identificados como agentes de la CIA, en realidad lo eran del DISC.

Esta propuesta de Torbitt resultó muy atractiva para el público, principalmente a causa del descubrimiento de aquella organización "ultrasecreta", y porque estaba llena de datos que tenían toda la apariencia de ser auténticos. Sin embargo, en cuanto me puse a corroborar las escasas citas de referencia en el libro, resultaron de nula utilidad, pues en muchos casos la fuente no existía, era prácticamente inaccesible, o, cuando se encontraba, resultaba que no tenía nada que ver con lo que decía Torbitt. A pesar de todo, este libro sigue vigente, pues, como toda buena teoría conspiratoria, es inmune a la refutación.

OTROS "ASESINOS SOLITARIOS"

El caso Garrison resultó fallido; Shaw fue absuelto y murió en 1974, durante el proceso de contrademanda que él había promovido en contra de Garrison. El año siguiente a la terminación de la investigación de Garrison sucedieron los asesinatos públicos de Martin Luther King y del hermano menor de Kennedy (y de su Fiscal General), Robert. De nuevo aparecieron los "asesinos solitarios". King era el dirigente máximo de un movimiento que pugnaba por la igualdad de derechos para los negros americanos, de una campaña multirracial en contra de la pobreza y la inequidad; y, además, se había convertido en el líder de la oposición a la guerra de Vietnam, en la que coincidía con Robert Kennedy, quien se perfilaba como candidato del Partido Demócrata a la presidencia, en las elecciones de 1968 (no puede uno evitar la tentación de pensar que aquellos que habían matado a su hermano estaban muy inquietos ante la perspectiva de tener a Bobby Kennedy en la presidencia. Sin embargo, no existe ninguna evidencia que apoye esta idea. Ciertamente, Sirhan no mató a Robert, pero la razón precisa del asesinato permanece desconocida). Tanto King como Robert fueron asesinados por conspiradores que habían aprendido algunas lecciones de la acción de Dallas. El asesino de King era un delincuente común llamado Earl Ray; o por lo menos lo fue de una manera mucho más creíble que Oswald; pero la "evidencia" carece de pruebas contundentes. Amenazado con la pena de muerte en caso de encontrársele culpable, seguramente se le propuso el trato, que él aceptó, de declararse culpable para conmutar la pena, con lo que no hubo juicio.[17]

La escena del asesinato de Robert fue mucho más realista que la de su hermano, pues a él no lo mató una bala furtiva, sino un asesino de carne y hueso que se encontraba en el mismo salón abarrotado de gente. Es aquí donde los hechos comienzan a presentar aspectos muy extraños, pues la autopsia reveló de una manera inequívoca que la bala que mató a Robert Kennedy fue disparada a muy corta distancia —cinco centímetros o menos—, justo detrás de su oreja, y que otras balas que lo impactaron provenían de un costado, por lo que obviamente no fueron disparadas por Sirhan, que estaba frente a él.[18] El disparo que mató a Luther King fue mucho más creíble. El caso de Robert representa un verdadero enigma para los investigadores, pues Sirhan fue visto disparando su arma por docenas de personas. Los investigadores de Kennedy saben que el disparo de Dallas fue sólo el primero de tres... ¿Había un grupo coordinado de tiradores?

DE DALLAS A WATERGATE... Y SUS CONSECUENCIAS

De 1966 a 1976, en tanto que la guerra de Vietnam se hacía más enconada y crecía la oposición a ella, se fue revelando una gran cantidad de información acerca de la injerencia de los Servicios de Inteligencia Americanos en la política doméstica y en la sociedad. Los grupos opositores a la guerra extendieron su interés hacia la Guerra Fría, y así comenzó a revelarse una buena parte de la historia oculta de los Estados Unidos. Por primera vez, y de manera inusitada, algunos oficiales comenzaron a contar sus experiencias.[20] El complejo de la industria militar —que en realidad deberíamos llamar "complejo de inteligencia industrial-militar— al que se había referido Eisenhower en su advertencia una década atrás, comenzó a ser examinado en forma crítica y expuesto por primera vez.

En medio de todo esto se produjo la crisis política llamada Watergate: el descubrimiento de que las técnicas de espionaje propias de los operativos que realizaban los servicios de inteligencia —robo de documentos, rumores, desinformación— habían sido utilizadas por la administración Nixon desde la Casa Blanca para obtener información y poder manipular a periodistas, políticos de oposición y ciudadanos comunes. Algunos agentes que años atrás habían trabajado en operaciones anti-Castro se convirtieron en "plomeros" de la Casa Blanca y ocasionalmente fueron sorprendidos copiando información en las oficinas del Comité Nacional Democrático, con sede en el área de la Casa Blanca llamada "Watergate". De inmediato, la fantasía popular comenzó a delirar acerca de los vínculos que pudieran existir entre este caso y al asesinato de Kennedy... ¡Tal vez se trataba de un mismo grupo secreto que estaba trabajando en diferentes escenarios para manipular la política y la economía de los Estados Unidos! Pero los investigadores no relacionaron a los plomeros de la Casa Blanca con el asesinato —pues no había pista alguna en ese sentido—, sino con la operación de la CIA en contra de Cuba... ¡Otra vez Cuba!

Por otro lado, para muchos investigadores del caso Kennedy, la nueva información reafirmaba las tesis de que la motivación fundamental había sido el evitar la salida de Vietnam, ahora incentivada por la guerra burocrática acerca de quién debía pagar la cuenta por los fracasos en Vietnam, lo que motivó un amplio estudio realizado por Daniel Ellsberg, que fue conocido como "Papeles del Pentágono".[21]

Por su parte, Peter Dale Scott, un profesor y diplomático canadiense que desde la década de los sesenta se había dedicado al estudio de las repercusiones políticas de la guerra de Vietnam, encontró que una de ellas podía haber sido el asesinato de Kennedy. Scott se dio cuenta de que alguna de la documentación crucial acerca de las decisiones políticas que habían llevado a los Estados Unidos a involucrarse en la guerra se habían manipulado en la reseña de los documentos del Pentágono, especialmente en un archivo, clasificado como NSAM273, en el que se presentaba información acerca de la intención de JFK de salir de Vietnam. En 1976, Scott escribió:

> La sistemática censura y distorsión del NSAM273, primero en los "Papeles del Pentágono" y más tarde en el *New York Times*,

> sugieren que el asesinato de Kennedy fue un evento muy importante, tal vez crucial, en la historia de la guerra de Indochina.[22]

Aquel torrente de revelaciones acerca de las organizaciones secretas que realizaban toda clase de operaciones de espionaje influyeron de dos maneras en el caso Kennedy. Una de ellas fue el hecho de que más gente se puso a escribir libros acerca del caso, incorporando la nueva información que apareció durante el escándalo Watergate. Entre los mejores libros aparecidos durante ese periodo, están el de Robert Sam Anson: *They've Killed the Presidente: The Search for the Murderers of John F. Kennedy* (*Los que pudieron matar al presidente: La búsqueda de los asesinos de John F. Kennedy*) y la antología *The Assasinations: Dallas and Beyond. A Guide for the Cover-ups and Investigatiosn* (*Los asesinatos: Dallas y más allá. Una guía de los encubrimientos y las investigaciones*).[23] En ambos libros se trabaja el mismo material y prácticamente se presentan todos los sospechosos ya señalados anteriormente, con excepción de LBJ y la KGB; aunque desde diferentes ángulos y con distintos énfasis. En *Los asesinatos* se habla muy poco del crimen organizado; se enfoca principalmente hacia los servicios de inteligencia americanos, sobre la hipótesis de que el crimen tiene relación con la guerra de Vietnam;[24] en este libro se habla muy poco de Ruby, en tanto que en el de Anson ocupa 28 páginas.[25]

Las revelaciones acerca de los operativos de espionaje de la CIA y del FBI sin duda tuvieron un efecto corrosivo en las altas esferas del poder, después de la caída de Nixon, Gerald Ford lo reemplazó en la presidencia, aunque en un ambiente de gran desconfianza, pues no era solamente lo que la CIA había hecho en Watergate, sino todo lo que pudiera haber hecho antes y lo que pudiera seguir haciendo en los Estados Unidos. El presidente Ford, que había sido parte de la Comisión Warren, creó otra "comisión", presidida por Nelson Rockefeller, para investigar las injerencias de los servicios de inteligencia en los asuntos domésticos. De esta nueva comisión también formó parte Belin, quien, al igual que Ford, había trabajado con la Comisión Warren... ¿Se nota alguna continuidad?

Pero eso no fue todo; una iniciativa más importante fue la creación de un comité formado por un grupo de senadores encargados de investigar las maniobras de los Servicios de Inteligencia. (Su nombre completo es *Select Com-*

mitteeComité Selecto del Senado para el Estudio de lasto Study Gobernamental Operations with Respect to Intelligence Activities (Operaciones Gubernamentales respecto de las Actividades de Inteligencia). Estaba liderado por el senador demócrata Frank Church, por lo que llegó a conocérsele como el "Comité Church". Además, se creó un organismo paralelo propio de la Cámara de Representantes: *House Select Committee on Intelligence* (*Comité Selecto de la Cámara para Asuntos de Inteligencia*), mismo que, como era presidido por el representante Otis Pike, se le llamó "Comité Pike".[26]

Después de emitir algunos reportes amplios y difusos acerca de las posibles operaciones criminales de la CIA, tanto el Comité Church como la comisión de Rockefeller declinaron investigar los asesinatos de King y Robert Kennedy, ocurridos la década inmediata anterior; dos miembros del Comité Church, el republicano Richard Schweiker y el demócrata Gary Hart fueron encargados de crear un "subcomité"; pero no para investigar quién había matado al presidente Kennedy, sino para dar cuenta del comportamiento de las Agencias de Inteligencia en relación con ese asesinato.

Ellos contrataron a un investigador privado: Gaeton Fonzi, un periodista que había estado interesado en el caso desde los sesenta. Fonzi fue la primera persona empleada por el Gobierno Federal americano para investigar el asesinato que manejó una teoría de conspiración.

Pero el subcomité estaba limitado en tiempo y recursos, y cuando Fonzi parecía estar a punto de encontrar una pista importante, el subcomité fue presionado para dar resultados de una manera apresurada, pues el jefe del comité principal, Frank Church, estaba ansioso por limpiar la imagen de la presidencia y deseaba presentar de inmediato un informe; así que Hart y Schweiker fueron forzados a abortar el proceso de investigación y presentar conclusiones con lo que tenían.[27]

En realidad, ninguno de esos comités intentó retar, o poner en riesgo, a las burocracias de inteligencia y seguridad. Su propósito era lograr la justa ecuación que pudiera satisfacer la demanda popular de que se investigara sobre el asunto, la necesidad de los políticos de contar con información que les permitiera manejar con sensatez el tema de la "seguridad nacional", y también el deseo de notoriedad de los líderes de los comités. En su libro *The Last Investiga-*

tion (*La última investigación*) Fonzi comenta que Schweiker "parecía indiferente en la presentación del reporte ante la prensa" (p. 163), pues él sabía que aquello no era suficiente y quería continuar la investigación ya sin el anclaje del Comité Church, una vez que éste fuera disuelto. Pero su interés en el asesinato se perdió en 1976, cuando fue invitado a ser candidato a la vicepresidencia en la nominación presidencial de Ronald Reagan.[28]

Si volvemos la mirada hacia los últimos 27 años de la política norteamericana entenderíamos aquel clima de susceptibilidad creado por la revelación de las actividades de la CIA y del FBI en Watergate, y la guerra de Vietnam, y que no era el momento para que el Congreso abordara la investigación de King y Kennedy; sin embargo:

> [...] Así que, ante la actitud negativista del Congreso, y a la tensión creada por los detractores de la comisión Warren en la dirigencia de la Cámara, las iniciativas de investigar los asesinatos de King y Kennedy habían sido vetadas durante 1975, pero finalmente encontraron su camino y se habilitó al Comité Selecto de la Cámara a investigar en este terreno.[29]

El Comité Selecto de la Cámara para la Investigación de los Asesinatos... ¿Dos veces en el mismo río?

Este comité no fue en modo alguno diferente de los que lo precedieron desde dos años atrás. El sistema político sentía la necesidad de que este organismo fuera visto haciendo algo, pero no mucho. Para cualquier ingenuo espectador de esta iniciativa, como este autor, aquello significaba que por fin se habían tomado cartas en el asunto, con objeto de aclarar el crimen más importante de toda la historia norteamericana; pero para los políticos no era más que otro comité. Por su parte, los investigadores del tema ostentaban un escepticismo ampliamente justificado.

El nuevo comité contrató de nuevo a Fonzi, pero ahora auxiliado por un grupo de jóvenes abogados recién graduados y agentes de policía, aunque ninguno de ellos era experto en el caso. Alguna investigación se hizo, pero en un ambiente entorpecedor, marcado por el absurdo burocrático y la politiquería. El primer jefe de este proyecto, Richard Sprague, oficialmente director del equipo y coordinador de consejeros, trató de poner en marcha una investigación seria y solicitó un personal amplio, recursos suficientes y libertad de acción, por lo que simplemente fue destituido. Por supuesto, se requería algo mucho más modesto. Sprague no había comprendido la situación, pero pronto los investigadores se dieron cuenta de que el caso Kennedy había terminado, lo que para los miembros del comité fue algo muy frustrante, pues con gran esfuerzo habían generado nueva información, sólo para darse cuenta de que no había interés en ella:

> No hubo ningún investigador —absolutamente ninguno— que hubiese trabajado en el comité del caso Kennedy que honestamente pudiera decir que había tomado parte en un auténtico esfuerzo de esclarecimiento, a pesar de que aquello se había planteado como un mandato del Congreso para realizar una investigación "completa y a fondo". De hecho, la mayoría de los participantes en aquel proceso conservan amargos recuerdos de los lineamientos y las limitaciones que les impusieron.[30]

Tal como sucedió con la Comisión Warren, los políticos del comité pusieron muy poco interés en el trabajo, toda vez que ellos estaban coordinados por un político astuto, que bien sabía cuáles puertas no había que abrir, en este caso las de la CIA.

> Para aquellos congresistas cuya principal prioridad es la sobrevivencia política —y no me aparece en la mente ninguna excepción— una investigación seria sobre el asesinato de Kennedy no tenía el mínimo beneficio político. Se trataba de un juego en el que no había ganadores. De hecho, la mayoría de los congresistas veían este asunto como un campo minado que había que cercar con una valla de alambre de púas, pues podía costarle la carrera a más de uno.[31]

Robert Blakey sabía que su trabajo no era realmente investigar los asesinatos, sino meramente producir un acuerdo que respondiera a lo que se esperaba de él: caminos sin salida y puntos ciegos, aunque siempre utilizando los senderos laterales que podían ser generados por los equipos de investigación. Finalmente, Blakey decidió que la operación había sido utilizada por el crimen organizado, y al final de la existencia del comité utilizó la audiencia que éste había logrado para vender bien su teoría de la responsabilidad de la Mafia. Aquello fue para los investigadores como un tropezón. Uno de los equipos científicos del comité, examinando una cinta magnetofónica grabada con sonidos aparentemente captados por el micrófono de la motocicleta de uno de los agentes motorizados que formaban la comitiva, concluyó que de aquella grabación se infería que Oswald no había sido el único tirador y que, posiblemente, otro disparo provino de un conjunto de edificios llamado Grassy Knoll.[32] Como al parecer aquella cinta no llegó a tiempo para formar parte del acervo de evidencias del caso, simplemente no se mencionó en el reporte de Blakey, en el que se concluía que el asesinato de Kennedy probablemente era el resultado de una conspiración... No obstante, había sido Lee Harvey Oswald el perpetrador de los disparos fatales. Se determinaba que todo apuntaba hacia el crimen organizado como responsable intelectual del crimen, aunque no existía evidencia específica para fundamentar esta aseveración. El hecho de que un hombre reputado como radical de izquierda hubiera participado en una conspiración de la Mafia es algo que requiere una explicación.

El *New York Times*, que había apoyado el veredicto de la Comisión Warren, que sostuvo la tesis del "asesino solitario" hasta el final, publicó una nota en la que planteaba una conveniente, pero absurda hipótesis: ¿dos tiradores?... Pudiera ser que dos asesinos solitarios hubieran coincidido el mismo día y, apostados en la Plaza Dealey, hubieran disparado al mismo tiempo.[33]

NOTAS

[1] Una de mis hipótesis favoritas acerca del caso es la idea de que JFK fue liquidado por la Mafia americana, trabajando para sus primos italianos, que a su vez colaboraban con la CIA en Italia, donde la Agencia se ha ocupado en mantener a la derecha en el poder desde 1948. Esta hipótesis caza perfectamente con lo que se ha definido acerca de la tensión propia de la Guerra Fría, y de la ansiedad que se había producido por la tolerancia de Kennedy hacia el Partido Comunista Italiano; sobre todo si consideramos que en la Embajada de Estados Unidos en Roma se encontraba uno de los más acérrimos enemigos de Kennedy y funcionario de la CIA, William Harvey. Hay que decir, sin embargo, que no existe real evidencia que sustente esta elegante hipótesis.

[2] Garrison, en su condición de juez, aparece brevemente como él mismo en *The Big Easy*, la película de 1986 filmada en Nueva Orleans y protagonizada por Dennis Quaid.

[3] El juicio de Garrison en contra de Shaw es analizado críticamente y echado abajo en

<http://mcadams.posc.mu.edu/shaw1.htm>. Shaw hizo una magnífica autodefensa de su caso en una entrevista que le hizo la revista *Penthouse*, vol. 4, n° 8. Sin embargo, él dice dos grandes mentiras, la primera de ellas es cuando ridiculiza la idea de que alguien tan conocido como él pudiera usar un "alias" o *nom de guerre* —Garrison había dicho que él se hacía llamar "Clem Bertrand". Esta autodefensa resulta en extremo desafortunada, pues en el ambiente *gay* de aquellos tiempos era usual utilizar esa clase de pseudónimos; aunque, en realidad, el hecho de que Shaw fuese "Bertrand" permanece sin probarse. Otra mentira es el haber negado que conocía a David Ferrie, pues existen fotografías en las que aparecen juntos en una fiesta *gay*. Con esta clase de aseveraciones, lo que Shaw estaba negando era su participación en la subcultura *gay*, no en la conspiración del asesinato.

[4] Ferrie fue dado de baja de la Patrulla Aérea por organizar fiestas nudistas con los jóvenes. Esta información, y la fotografía en la que aparecen juntos Ferrie y Oswald se encuentran en las páginas 19-21 del libro de Robert J. Groden *The Search for Lee Harvey Oswald* (Londres, Bloomsbury, 1995).

[5] Acerca de Andrews, consultar el libro de Jim Garrison *On the Trial of the Assassins* (Harmondsworth, Penguin, 1988, capítulo 6).

[6] Este rodaje casero puede verse en la película de Stone *JFK*. Cuarenta años después es todavía impresionante. Ahora se tienen pruebas de que incluso el filme *Zalpruder* ha sido manipulado. Ver la nota 25 en el capítulo final.

[7] En un artículo aparecido en la revista americana *The Wilson Quarterly*, de la primavera de 2001, Max Holland señala una encuesta que demuestra que apenas fue dada a conocer la investigación emprendida por Garrison, la credibilidad del veredicto de la Comisión Warren bajó en un 20 por ciento.

[8] A pesar de que la selección de Sheim en las páginas 47-50 de la evidencia parece convincente, yo no me atrevo a creerlo, principalmente porque Garrison escribió tres libros acerca del caso: *On the Trail of the Assassins* (1988), *Heritage of Stone* (1970) y una novela: *The Star Spangled Contract* (1976)..., y yo no me puedo imaginar que alguien escriba tres libros como un compromiso político; uno, puede ser, ¿pero tres?

[9] Esto se narra al detalle en la obra de Peter Dale Scott, *Deep Politics and the Death of JFK*

(Londres, University of California Press, 1993), y en *Deep Politics II* (Skokie Illinois, Green Archive Publications, 1995).

[10] *Ibid.* Scott., p. 24.

[11] *Ibid.* Scott., p. 70-71.

[12] Christopher Andrew y Vasili Mitrokhin, *The Mitrokhin Archive* (Londres, Allen Lane, 1999, pp. 295-296).

[13] La génesis de este libro se narra en la reseña del entonces editor de la revista *Ramparts*, Warren Hinckle, *If You Have a Lemon, Make Limonade* (*Si usted tiene un limón, haga limonada*), (Nueva York, GP Putnam's, 1974, pp. 261-265), donde se nos cuenta la historia de un oficial de inteligencia francés tratando de implantar su tesis de la muerte de Kennedy en la revista *Ramparts*, que en aquellos tiempos era la revista de izquierda más importante en los Estados Unidos. Pero Hinckle era demasiado listo como para caer en la trampa; así que esa tesis tuvo que ser difundida en forma de libro, impreso en Europa y después importado a Estados Unidos vía Canadá. Yo tengo una copia que me proporcionó el finado Harry Irwin, un investigador de Irlanda del Norte.

[14] Un análisis más reciente se puede encontrar en el libro de Sally Denton y Roger Morris, *The Money and the Power* (Nueva York, Alfred Knopf, 2001, pp. 296-297).

[15] Esto apareció en una revista canadiense de izquierda, en lengua francesa, que se llama *Le Devoir*. Yo nunca he tenido en mis manos un original, pero fue reseñado en *Canadian Dimension*, septiembre/octubre de 1967. En defensa de Garrison, hay que decir que aquellos eran otros tiempos, y la gente en general sabía muy poco de las operaciones de inteligencia, en especial no se habían escrito estudios importantes acerca de las operaciones de desinformación de las agencias; además de que la comunicación con Europa no era tan expedita como ahora, por lo que recibir información era más tardado y costoso. En el mundo actual una pieza de desinformación puede ser puesta en la Red y ser refutada en cuestión de días.

[16] Torbitt fue republicado recientemente, con un comentario introductorio, con el título: *NASA, Nazis and JFK: The Torbitt Document and the JFK Assassination* (Kempton, Illinois, Adventures Unlimited Press, 1996). El libro circuló originariamente como un folleto datado en 1970; yo lo recibí en 1977. En

esta misma línea se tiene un ensayo de Stephen Dorrill, publicado en la revista *Lobster* (n° 2), en 1983, en el que se interpreta la historia de Permindex como una operación soviética de desinformación. Pero hay que considerar que la revista *Lobster* era entonces tan modesta que no publicaba más de 150 ejemplares, simplemente mecanografiados, y estaba muy lejos de impactar en los lectores, por lo que nadie notó el artículo. Sin embargo ahora está disponible en la Red, en <http://mcadams,posc.mu.edu/fairplay.htm>. Para encontrar uno de los más recientes intentos para redimir a Garrison podemos consultar: <http://macadams.posc.mu.edu/fairplay.htm>

[17] La mejor reseña acerca del asesinato de King —y de su solución— es la obra de William Pepper *Orders to Kill: The Truth Behind the Murder of Martin Luther King* (*Orden de matar: La verdad oculta en el asesinato de Martin Luther King*), (Nueva York, Carroll and Graff, 1995), y la secuela de este libro: *An Act of State* (*Una acción de Estado*), (Londres, Verso, 2003). El productor de televisión John Edginton escribió acerca de este estudio en "Prisoner of Silence" en *The Listener*, 28 de septiembre de 1989.

James Earl Ray murió en prisión, a la edad de 70 años, en 1998. Harold Jackson le dedicó un buen espacio en su obituario en *The Guardian* (24 de abril de 1998) en el que destaca el racismo de Ray, mencionando de paso el curioso dato de que él, que no parecía tener la suficiente inteligencia, ni siquiera para delinquir, se las había arreglado para crearse cuatro identidades falsas en Toronto, y que todos se parecían a él, lo que nunca se mencionó en las investigaciones acerca del asesinato de King, como las de John Edginton y William Pepper. Resulta más interesante el obituario de Godfrey Hodgson en *The Independent* (25 de abril de 1998). Hodgson conoce algo de los recientes descubrimientos del caso. En su normalmente excelente columna en *The Observer*, del 26 de abril de 1998, Nick Cohen recicla algunas ideas del libro de Pepper acerca de la muerte de King, como producto de una conspiración, pero de entrada descarta la tesis al considerar que una de las fuentes de Pepper fue sir Carthew, un antiguo miembro del Partido Nacional Británico, por lo que Cohen recurre al silogismo: Carthew es fascista, entonces, Carthew no es confiable; Pepper cita a Carthew, luego su libro no es confiable. De hecho, la evidencia presentada por Carthew es algo marginal en el libro... ¿Realmente Cohen leyó el libro?

[18] La evidencia física de que Sirhan no mató a Robert Kennedy es mucho más clara que la de que Oswald no mató a John. Así que resulta extraño que el asesinato de Robert no haya despertado mayor interés. El noventa por ciento del libro de Dan Moldea, *The Killing of Robert Kennedy* (Londres, Norton, 1995) se dedica al análisis de la abrumante evidencia que señala que Sirhan no fue el asesino factual de Robert, y sugiere como único candidato posible para hacer el disparo fatal a un tal Thane Cesar, que era la única persona que se encontraba detrás de RFK en al momento del atentado. En el último diez por ciento de su libro, Moldea se dedica a reseñar la investigación que se hizo de este personaje. Por supuesto, él se declaró inocente y ofreció someterse a la prueba del "detector de mentiras", o "polígrafo", Así se hizo y salió limpio. Con esta base, y sólo ésta, Moldea, absurdamente, descarta toda la evidencia por él mismo presentada y declara que, a pesar de todo, el asesino tuvo que haber sido Sirhan... ¿No ha sabido usted de la gente que aprende a engañar al polígrafo, señor Moldea?

[19] "Grupo de control" fue uno de los nombres que le di a ese hipotético grupo de asesinos. "Equipo secreto", fue otro.

[20] L. Fletcher Prounty, *The Secret Team*, en 1973; Victor Marchetti y John Marks, *The CIA and the Cult of Intelligence* apareció en 1974; *CIA Diary: Inside the Company de Philip Agee*, en 1975. Agee y Marchetti fueron agentes de la CIA; Prouty fue un contacto entre la CIA y la Fuerza Aérea.

[21] Esto se conoció como "Pentagon Papers". En *The Secret Team*¸ L. Fletcher Prounty afirma que algunos de los reportes fueron realmente escritos por la CIA.

[22] Scott, Hoch y Stetler (editores). *The Assassinations*. (Harmondsworth, Penguin, 1978; originalmente Nueva York, 1976, p. 365).

[23] Anson—Nueva York, Bantam, 1975. Ver nota 22.

[24] Ver el ensayo de Peter Dale Scott: "The Death of Kennedy, Vietnam and Cuba", en *The Assassinations*.

[25] Hubieron otros dos libros interesantes en este periodo; uno fue el de Sid Blumenthal y Harvey Yazijian (editores), *Government by Gunplay: Assassinations Conspiracy Theories from Dallas to Today* (Nueva York,

Signet Books, 1976). Al igual que *The Assassinations,* se trata de una antología que incluye ensayos que tratan de las muertes de Robert Kennedy y Martin Luther King, el atentado en contra del gobernador George Wallace y el asalto en el cuartel general de los "Panteras Negras", todo lo cual se considera parte del espectro de la política represiva del Estado americano. El coeditor Blumenthal, en los noventa, se convirtió en asesor de Clinton y omitió este libro en la reseña de sus obras anteriores, que aparece en la contraportada de las memorias de su relación con Clinton: *The Clinton Wars.* Otro libro significativo fue el de Carl Oglesby, *The Yankee and the Cowboy War: Conspirations from Dallas to Watergate* (Kansas City: Sheer Andrews and McMeel, 1976). En estos libros se presenta todavía el asesinato en medio del torbellino de preocupaciones de aquella época. La antología de Blumenthal presenta un prefacio del oficial de la CIA Philip Agee, y Oglesby fue líder de un grupo radical de los sesenta llamado "Students for a Democratic Society" (SDS).

[26] Una reseña actual de la génesis e impacto de esto se encuentra en el capítulo 12 del libro de Rhodri Jeffreys-Jones, *Cloack and Dollar:*

A History of American Secret Intelligence (*La cloaca y el dólar: Una historia de la Inteligencia Secreta americana*), (Londres, Yale University Press, 2002). La intrincada política en torno de la formación y actividades de los comités es tratada en la introducción de Philip Agee a *CIA: The Pike Report* (*CIA: El reporte Pike*), (Nottinham, Spokesman, 1977). Algunos de los trabajos del Comité Church pueden encontrarse en el sitio de Internet en donde también se dan detalles de las operaciones Cointelpro de la FBI: <www.cointel.org>. El reporte del Comité Pike fue publicado en Inglaterra como: *CIA: The Pike Report. Op Cit.*

La comisión Rockefeller es tratada en el artículo "The Rockefeller Commission: The Second JFK Whitewash", de Robert y Christine Groden, aparecido en la revista *Argosy*, en octubre de 1977.

[27] Gaeton Fonzi, *The Last Investigation* (Nueva York: Thunder's Mouth Press, 1993, p. 146). En los capítulos 8-17 del libro de Fonzi se habla ampliamente de este periodo. Éste es uno de los libros esenciales en este campo.

[28] El hecho de que Ronald Reagan, claramente derechista, haya elegido a Schweiker es algo que siempre me ha parecido raro,

pues, hasta donde yo sé, ninguno de los investigadores del asesinato de Kennedy ha expresado la idea de que Schweiker hubiera podido ser elegido porque tuviera la intención de frenar o dificultar las investigaciones acerca de la muerte de JFK.

[29] Fonzi (ver nota 27) p. 171. Este periodo de transición, desde Watergate, pasando por las revelaciones de las actividades de la CIA y el FBI, hasta la formación del "House Select Committee of Assassinations" es el tema de la introducción a la antología *Los asesinatos*. Ver nota 22.

[30] Fonzi. *Ibidem*. p. 402. El relato de Fonzi acerca de las tormentas burocráticas dentro y en torno al comité es en verdad fascinante.

[31] Fonzi. *Ibidem*. p. 403.

[32] ¿Cómo es posible que una cinta grabada junto al motor de una motocicleta pueda recoger otros sonidos que no sean chirridos y golpeteos?, es algo que va más allá de mi comprensión. Por supuesto, hay gente que cuestiona la interpretación hecha por la policía de esta cinta. Yo conozco tan poco acerca de esta microárea de la investigación que incluso desconozco qué importancia le dan ahora los investigadores a esa grabación. La evidencia acústica es incluso

menos accesible para la gente que la médica, pues si se le escucha directamente es virtualmente ininteligible.

[33] HSCA se encuentra en: <http://www.geocities.com./jfkinfo/hscareport.htm>.

4.

El comité selecto de la Cámara para asesinatos... y más allá

¿De espionaje a conspiración?

En principio, existiría evidencia suficiente para definir un caso judicial prácticamente en contra de todos los sospechosos que han señalado los estudiosos del caso Kennedy; sobre todo considerando que el asesinato ha sido una especie de espejo que refleja las preocupaciones de los investigadores y de los lectores; aunque también sus prejuicios.

Desde finales de los sesenta, y toda la década de los setenta, se difundieron ampliamente las actividades de los Servicios de Inteligencia y

Seguridad con lo que en la mente colectiva se les relacionó con el asesinato de Kennedy. Al principio, esta relación centró su atención en el caso de Cuba y la guerra secreta de la CIA en contra de Castro. Una lectura superficial de la vida de Oswald antes del asesinato hacía pensar que él era un activista doble: al mismo tiempo castrista y anticastrista. Pero a medida que la guerra de Vietnam se recrudecía y crecía la oposición a la misma, la interpretación del crimen se derivó hacia ese terreno, reforzándose más tarde cuando aparecieron los "Papeles del Pentágono", y se puso en evidencia el hecho de que la política del gobierno respecto de Vietnam había cambiado significativamente apenas dos días después de la muerte del Presidente, por lo que nadie podía evitar la sospecha de que aquel cambio se había concebido y programado desde mucho tiempo atrás.

Peter Dale Scott recogió esta inquietud y la desarrolló en su pequeño libro acerca del subcomité Schweiker/Hart (del que hemos hablado en el capítulo anterior): *Crime and Cover-up: The CIA, The Mafia, and the Dallas-Watergate Connection* (Crimen y espionaje: *La CIA, la Mafia y la relación Dallas-Watergate*) (Berkley, CA. Westworks, 1977). En este libro el autor rebasa el gusto de la "novela policiaca" para entrar en lo que él llama "parapolítica", o "la zona oscura", en donde se entrelazan las operaciones de la CIA, de los servicios privados de inteligencia y la Mafia.[1] Scott es un verdadero maestro y su obra es una de las piezas de análisis político más importantes que han aparecido desde el asesinato de Kennedy. Cuando lo conocí, en 1986, hablamos largamente acerca del caso Kennedy y él me dijo que tal vez nunca sabríamos quién había jalado el gatillo, pero también me dijo que eso no era lo importante.

A medida que fue creciendo el acervo informativo,, Scott fue penetrando cada vez más en el sustrato profundo de los acontecimientos, y su trabajo se volvió más denso.[2] Finalmente él desechó el término "parapolítica" para definir su trabajo y comenzó a llamarlo "política profunda".[3]

La HSCA y el veredicto "la Mafia lo hizo"

Pocos investigadores del caso Kennedy aceptan las conclusiones del *House Select Committee of Assassinations* (HSCA), expresado por su director, Robert Blakey: "...la Mafia lo hizo".

Este veredicto suena como una salida cómoda, como un retroceso, y como la creación de una historia que encubre acciones oscuras de organismos gubernamentales. Pero es posible que Blake hubiera forzado esta conclusión en el reporte de HSCA (en contra de la opinión de la mayoría de los miembros de su equipo, por la razón de que el inculpar a la Mafia tenía el efecto público de "credibilidad inmediata". La Mafia tenía los contactos, los medios y los matones de oficio que se requerían, pues eso les es propio y rutinario. Por supuesto, eso de matar a un presidente no es cosa de todos los días; pero, a partir de las grabaciones de conversaciones privadas de los mafiosos, obtenidas por el FBI, se puede concluir que, para ellos, John F. Kennedy no tenía el rango de "señor presidente"; para ellos se trataba solamente del hijo de Joe Kenendy, uno más de tantos políticos a los que podían controlar con dinero y apoyo, como lo habían hecho en la campaña de 1960. La Mafia tenía un motivo: estaba siendo seriamente hostilizada por el Departamento de Justicia, dirigido por Bob Kennedy. Más tarde se supo, también por las grabaciones del FBI, que entre los mafiosos se había hablado en repetidas ocasiones de matar a los dos Kennedy.[4]

Considerando el método empleado –disparos en público–, y, en especial, el papel jugado por Ruby para arreglar el embrollo que se había producido, no podemos desconsiderar la teoría de la autoría por parte de la Mafia.

Muchos de los investigadores del asesinato se muestran reacios a aceptar la tesis "la Mafia" lo hizo, aduciendo, como principal argumento, que, por poderosa que pudiera ser, la Mafia no tenía la capacidad para organizar las operaciones de encubrimiento que siguieron al evento. Este argumento conlleva la presunción de que los creadores del encubrimiento son los mismos que perpetraron el asesinato, con lo que ha perdido su fuerza de convencimiento a lo largo de treinta años, en los que hemos visto que tanto los políticos como los servicios de inteligencia y las instancias burocráticas de los Estados Unidos acostumbran encubrirlo todo, como si fuera por sistema, ya sea que estén involucrados o no en aquello que ocultan, y eso ha sucedido desde Dallas, pasando por Watergate, Irán-Contras y otros escándalos relacionados con los servicios de inteligencia que ocurrieron en los tiempos de Reagan y Bush (padre). El hecho de que una agencia cualquiera hubiera iniciado labores de ocultamiento después del arresto de Oswald, lo que nos indica es que debieron haber tenido previas relaciones con él, y temían que al investigar a Oswald se revelaran otras operaciones, pero no significa de ninguna manera que ellos hubieran organizado el asesinato. Las investigaciones acerca del encubrimiento que se produjo a raíz de Dallas ha proporcionado una información extraordinariamente reveladora acerca de la conducta del sistema burocrático y de las agencias de inteligencia y seguridad americanas, pero no revela nada acerca de la conspiración propiamente dicha; a pesar del espléndido trabajo hecho por los investigadores del caso Kennedy; de hecho todas las pistas se pierden al llegar a Dealey Plaza.

Una gran dificultad con la que uno se encuentra al analizar la teoría que inculpa a la Mafia es la gran cantidad de vínculos que tenía Oswald con los servicios de inteligencia. ¿Qué podría haberlo llevado a involucrarse en un complot de la Mafia?... ¿Fue solamente una "víctima", como él mismo dijo en la estación de policía?

El libro de David Scheim *Los pactos en América* (Nueva York, Shapolsky Publishers, 1988) es tal vez el que mejor defiende la tesis "la Mafia lo hizo" que se ha publicado, y en este análisis se habla de Oswald solamente de manera marginal.[5] Scheim alude a un tío de Oswald que al parecer había sido una figura menor en los negocios de juego de la Mafia, pero no hay mucho que sacar de esto.

Más o menos en forma paralela a la investigación del Comité Selecto de la Cámara, el escritor inglés Anthony Summers se aplicó a la realización de un trabajo periodístico de alto nivel, descubriendo una gran cantidad de nueva información, especialmente acerca de las actividades de Oswald en Nueva Orleans, y así escribió la mejor pieza sobre el asesinato que se ha producido en un solo volumen: *Conspiracy* (*Conspiración*).[6] A pesar de que él no ofrece una conclusión definitiva, la selección de evidencia que hizo, y sus nuevos descubrimientos, encaminan la interpretación del caso como el producto de una alianza entre cubanos anticastristas y agentes renegados de la CIA que respondían a una iniciativa de la Mafia.

Después de HSCA

A raíz de los reportes de la HSCA se difundió un nuevo conjunto informativo en varios libros, entre los que destacan el de Edward J.

Epstein, *Legend* (Londres, Hutchson/Arrow, 1978) y David Lifton *The Best Evidence* (*La mejor evidencia*) Nueva York, Carrol y Graf, 1980), en los que se reivindica la posición de la Comisión Warren —"Oswald lo hizo solo"—. El libro de Epstein logró una gran publicidad en los medios en ambos lados del Atlántico, captando muchos comentarios de escritores e insertos en revistas de autores que no sabían nada del asunto. Epstein hizo un cambio a la propuesta original: El reporte de la Comisión Warren retrata a Oswald como un loco solitario (con un buen historial de radicalismo de izquierda); pero Epstein trata de convencer al lector de que Oswald era en realidad un agente de la KGB, un dato interesante es que Epstein fue financiado por el *Readers Digest*, cuya popular revista fue utilizada en los cincuenta y sesenta como vehículo de desinformación para manejar la opinión pública durante la Guerra Fría,[7] y con este financiamiento Epstein contrató a ocho investigadores que se dedicaron exclusivamente al tema de Oswald, pero también estaban encargados de excluir cualquier información que vinculara a Oswald con Cuba o con los servicios de inteligencia americanos —Epstein utilizó este material en otro libro suyo: *Plot and Counterplot* (*Complot y contracomplot*), con lo que reforzaba esta omisión—. De esta manera se restauraba la imagen original de Oswald, como un traidor marxista el que, en algún momento de su actividad, había sido captado y utilizado por la KGB; aunque el autor no define cuándo, por quién o cómo.

Esta reposición de la cobertura carece de sentido y es manifiesto que tiene muy poco que ver con el asesinato de Kennedy y mucho con la necesidad de volver a colocar en la mente del público la preocupación por la Guerra Fría, lo que era conveniente como marco para las elecciones presidenciales de 1980, en las que salió triunfante Ronald Reagan.[8] *Legend* fue un libro rechazado por los investigadores del caso Kennedy y actualmente es raro que se le mencione, y mucho menos que se le cite.

En *La mejor evidencia,* David Lifton toma el caso desde el punto de vista judicial, a la manera de una investigación policial. En aquellos tiempos ya muchos investigadores habían dejado a un lado los hechos de Dealey Plaza, considerándolos como algo secundario y poco útil para desentrañar el enigma del asesinato, o simplemente como ya trabajado y superado.

Pero Lifton retoma los hechos y centra su atención en los reportes médicos y forenses; dándose cuenta, igual que muchos otros, de que había una clara contradicción entre la descripción de las heridas que hicieron los médicos que trabajaron en el cuerpo de Kennedy, en el Hospital Parkland, en Dallas, y las que se describen en el reporte de la autopsia. Los médicos del hospital señalan un gran orificio de salida en la parte posterior de la cabeza, con exposición de masa cerebral, lo que indica que la bala entró por el frente de la cabeza y salió por detrás; así que esta bala no pudo haber sido disparada por Lee Harvey Oswald; por su parte, en la autopsia se describe una herida producida por un impacto en la parte posterior y superior de la cabeza, que es el tipo de herida congruente con la supuesta posición de Oswald en lo alto del edificio y avistando la parte trasera del vehículo del Presidente al paso del desfile... "¡Todo fue arreglado!" —claman los fans de la conspiración—; es obvio que las conclusiones de la autopsia fueron manipuladas para inculpar a Oswald.

Para Lifton, esta manipulación no pudo ser posible, pues el anfiteatro donde se realizó la autopsia estuvo siempre resguardado por personal militar de alto nivel y confianza... ¿Podría ser posible que ellos participaran en un fraude de esa índole? A esto podían responder los fans que esto indica las dimensiones de la conspiración, lo que sería completamente inaceptable para Lifton. Pero, si los médicos que hicieron la autopsia fueron honestos en su trabajo y las heridas que ellos describen no son las mismas de los doctores de Dallas, Lifton llega a la maravillosa conclusión de que alguien cambió las heridas en el camino, que en realidad fue largo y tardado, pues la autopsia se realizó cerca de Washington, D.C., y todo con la finalidad de que esas heridas coincidieran con la historia que debía contarse: "Lee Harvey Oswald, un asesino solitario, dispara desde lo alto y detrás al presidente y lo mata". Por supuesto, Lipton no dice cómo y cuándo pudiera haberse realizado esta operación.

La mejor evidencia es una deliciosa lectura, siempre que uno deje a un lado toda facultad crítica y se olvide de razonar; el libro casi nos convence de que todo tiene sentido...; pero, ¿acaso se pueden reconstruir las heridas? ¿Puede un gran agujero en la nuca ser reparado, y abrirse otro para engañar a los practicantes de la autopsia? (Lifton no sólo pide esto al lector, sino también que acepte el hecho de que el cadáver fue alterado como una medida *ad hoc* para justificar la explicación del asesino solitario, que era la versión de los hechos que se había decidido en Washington —lo que de por sí es increíble—, y por si esto fuera poco, también dice que en la planeación original los conspiradores habían previsto esta operación). En otras palabras, el plan era matar al Presidente y culpar a Oswald, y para ello estaba previsto alterar el cadáver para hacer que las heridas cazaran con la supuesta posición de Oswald como tirador. Esto es francamente estúpido. Esta ridícula teoría se disipa al primer soplido, pues nos preguntamos, por ejemplo: ¿cómo se podría garantizar el tener acceso al cadáver para alterarlo?... Por supuesto, la comunidad de investigadores del caso Kennedy no tomó en serio a Lifton; pero los grandes medios de comunicación, que anteriormente habían dado muy poco espacio a cualquier postura crítica del veredicto de la Comisión Warren, en este caso respondieron de una manera muy favorable al libro, alabándolo de tal manera y dedicándole tanto tiempo que no puede uno menos que sospechar una oculta intención.

Pero, independientemente de que la explicación de Lifton es absurda, el hecho es completamente cierto y el enigma continúa: las descripciones de las heridas de parte de los médicos del Hospital Parkland y las de los que hicieron la autopsia no son las mismas.[9]

A otro autor le tomó cerca de veinte años analizar esta diferencia entre las heridas; pero finalmente elaboró una hipótesis igualmente original y estremecedora: Si las heridas son diferentes, y si tanto los médicos del hospital como los forenses dijeron la verdad, y si el cadáver no pudo haber sido alterado..., entonces las observaciones se hicieron sobre dos cuerpos distintos. Volveré sobre esto más adelante.

NOTAS

[1] En este abrupto campo, Scott coescribió *The Iran Contra Connection* (Boston, South End Press, 1987), y *Cocaine Politics* (Berkeley, CA; University of California Press, 1991), para después volver al asesinato de Kennedy con *Deep Politics and the Death of JFK* (Berkeley, CA: University of California Press, 1993), y *Deep Politics II* (Skokie, Ill. Green Archive Publications, 1995).

[2] Su libro *Crime and Cover-up: The CIA, the Mafia and de Dallas-Watergate Connection,*

consta de 74 páginas, de las cuales casi un tercio son de notas. El libro tiene un índice, pero alguien hizo circular un índice exclusivo de las notas de Scott.

[3] Acerca de los distintos significados de los dos términos, ver la introducción de su libro *Deep Politics III* en <http://history-matters.com/> que incluye un párrafo en el que crea un nuevo término, la "parahistoria": "La parahistoria pude ser en parte construida al salir a la luz datos previamente reprimidos. En un sentido de 'política profunda', la historiografía es un intento de reconstruir lo que pasó en áreas donde hay muy pocos datos, o ninguno".

[4] La evidencia de esto se encuentra sintetizada en la biografía de J. Edgar Hoover, *Official and Confidential*, de Anthony Summers (Londres, Gollancz, 1993) pp. 325-333.

[5] Otra versión es la de John H. Davis, *Mafia Kingfish: Carlos Marcello and the Assassination of John F. Kennedy* (Nueva York. New American Library / Signet, 1989).

[6] Puesto al día y republicado como *Conspiracy* (Nueva York, Paragon House, 1989 y 1991), y *The Kennedy Conspiracy* (Londres, Warner, 1996 y 1998).

[7] Ver, Fred Landis, "The CIA and the Reader's Digest", en *Covert Action Information Bulletin 29* (Invierno de 1988).

[8] En su nuevo análisis de los disparos, particularmente en el apéndice "The Secuence of Shots", Epstein nos dice: "La comisión Warren... concluyó que sólo se tenía certeza de que habían sido hechos dos disparos, el primero impactó la base del cuello del presidente, atravesándolo para causar una herida doble en el gobernador Connally, y el segundo disparo impactó en la cabeza del Presidente, provocando una expansión y fragmentación. (No se encontraron rastros de un tercer disparo)". Pero cuatro líneas después, él nos dice: "...a partir de la trayectoria de las balas, que se muestra en las fotografías de la autopsia y las placas de rayos X (y otra evidencia colateral) se puede concluir que Kennedy y Connally fueron impactados por dos balas diferentes, en una primera instancia, y que una tercera bala golpeó a Kennedy". De esta manera Epstein está tratando de evadir el absurdo de lo que se ha llamado "bala mágica", que supuestamente hirió tanto a Kennedy como a Connally, así que opta por la hipótesis de las tres balas; pero, ¿qué pasa con aquella cuarta bala que se impactó en el pa-

vimento, haciendo volar fragmentos de los cuales uno hirió a un espectador? Así que podemos considerar por lo menos cuatro balas en el aire (sin aquella a la que no se dio publicidad y que al parecer se incrustó en la limusina presidencial). Al señalar todo esto, Epstein echa por tierra su propia teoría. Por cierto que existe evidencia de una bala que se impactó en la limusina, para esto se puede consultar: <www.jfklancer.com/limoMarsh.htlm> en donde se incluye una fotografía que muestra el daño causado en la carrocería.

[9] Una exposición muy clara de este aspecto de la investigación se encuentra en el libro de Robert Groden *The Killing of a President* (Harmondsworth, Penguin, 1993, pp. 73-89). Aquí se refuta la teoría de Epstein, pero no se presenta otra plausible. En el grueso libro de Groden se maneja lo mejor y lo peor del análisis fotográfico; está lleno de magníficas fotografías del evento, pero también contiene una gran cantidad de imágenes en las que nadie ve lo que Groden trata de mostrar.

En 2006, Douglas Horne, quien había sido analista de archivos militares, en "The Assassination Records Review Board"

(ARRB), dio una conferencia de prensa (con muy escaso público), y dijo, entre otras cosas: "Yo me he dedicado al estudio de estos archivos durante diez años, y la razón por la que estoy ahora aquí es porque quiero expresar que de acuerdo a nuestros análisis, transcripciones y reportes de entrevistas, existe una evidencia inequívoca de que hubo un proceso de encubrimiento, de parte del gobierno de los Estados Unidos, respecto del material médico recogido en el asesinato de Kennedy, y de esto la mayoría del público no sabe absolutamente nada". El texto completo de las declaraciones de Horne se encuentra en <http://www.jfkresearch.com/forum/index.php?act=ST&t=5594>

El problema con las heridas puede visualizarse con claridad por medio de las imágenes de Google. Busque en "JFK autopsy" y encontrará fotografías que muestran: a) la parte posterior de la cabeza de JFK con rastros de sangre y masa cerebral, y b) la misma toma de la cabeza sin daño alguno. Alguna de las dos fotografías es falsa; tan simple como eso.

5. Las confesiones... ¿verdaderas?

Uno de los aspectos más extraños del caso Kennedy es la cantidad de personas que confesaron haber participado en el crimen. En 1975, cuando la investigación del caso comenzó a ser afectada por el escándalo de Watergate y se iniciaron las pesquisas en el Congreso, se presentó una mujer llamada Marita Lorenz, quien dijo haber sido amante de Fidel Castro, e hizo una serie de declaraciones en las que confesaba haber sido parte de un grupo —en el que también habría participado Howard Hunt, uno de los "plomeros" de Watergate— que había ido a Dallas y que tenía la encomienda de matar a Kennedy —decía ella sin aportar prueba alguna—. Considerando las inconsistencias de tiempos y lugares que presentaba la confesión de

Marita, resulta claro que la intención era crear una historia alternativa, tal vez con fines desinformativos, para aliviar la tensión creada por Watergate, probablemente a favor de la CIA.[1]

En 1976, Robert Morrow publicó un ensayo, llamado *Betrayal* (*Traicionado*), en el que confiesa haber jugado un papel lateral en el asesinato, declaración que se reitera en otro libro suyo Conocimiento de primera mano: *First Hand Knowledge How I Participated in the CIA-Mafia Murder of JFK* (*Cómo participé en el asesinato de JFK, planeado por la CIA y la Mafia*) (Nueva York, SPI Books, 1992). Los libros de Morrow están llenos de errores e inconsistencias, y sus "confesiones" nunca fueron tomadas en serio.[2] Dos personas declararon ser uno de los vagabundos que fueron fotografiados al ser detenidos por la policía poco después del asesinato. La historia oficial fue que se trataba de un trío de malvivientes que fueron detectados en un vagón de ferrocarril abandonado en la zona de la estación; aunque ellos no fueron aprehendidos, sino solamente detenidos para ser interrogados, y después liberados.

Cuando fue publicada la fotografía de los tres sujetos, mucha gente notó que dos de ellos sí tenían el aspecto de vagabundos indigentes, pero el tercero vestía una chaqueta limpia y de buena calidad, lo mismo que sus zapatos, por lo que no daba para nada la impresión de ser compañero de los otros. Alguien sugirió que aquella chaqueta parecía europea, por lo que ese peculiar sujeto pasó a la leyenda como "Frenchi". Así comenzaron las especulaciones sobre la identidad de esos "vagabundos", siendo la más famosa de esas pseudoidentificaciones la que hacen A. J. Weberman y Michael Canfield en su libro *Coup d'Etat in America* (Nueva York, Third Press, 1975).[3]

Ellos sugieren que el que parece el más viejo de los vagabundos es uno de los "plomeros" de Watergate, y que se trata de un antiguo agente de la CIA llamado E. Howard Hunt; y en verdad existe un cierto parecido. Tal vez el entusiasmo de Canfield y Weberman por Hunt como vagabundo tuvo su origen en la notoriedad que éste adquirió como protagonista de Watergate antes de que ellos escribieran el libro.[4]

En esta época se generó una auténtica obsesión por la celebridad, especialmente después de que la película de Oliver Stone, *JFK*, volvió a poner en el candelero el asesinato. Entonces mucha gente comenzó a declararse culpable del crimen, o de ser parte de la conspiración. Charles Harrelson, padre de una estrella de cine y TV llamada Woody, confesó ser uno de los vagabundos; y en verdad él se parecía a uno de ellos, el más alto. Pero como él estaba en prisión en el momento de su confesión, bajo el cargo de asesinato de un juez, su "confesión" fue tomada como una estratagema para enrarecer su caso y no se tomó en cuenta; con el tiempo se retractó.

Recientemente, uno de los vagabundos fue identificado como el finado Chauncey Holt, un delincuente y falsificador. Al parecer, Holt había confesado haber elaborado algunas credenciales del Servicio Secreto y las había llevado a Dallas. Algunos testigos oculares declararon haber visto a un hombre en Dealey Plaza que "estaba repartiendo credenciales del Servicio Secreto" justo después del asesinato, en un lugar donde no había personal de esta dependencia. Durante una temporada, la hija de Holt tuvo una página web en la que apoyaba la versión de su padre, como partícipe en "el crimen del siglo".[5] Aquí se decía que Holt había estado en la Plaza Dealey en compañía de... Charles Harrelson.[6]

Pero en el sitio <http://mcadams.posc.mu.edu/3tramps.htm> se resuelve el enigma de los tres vagabundos. Los archivos de la detención de estos hombres finalmente fueron desclasificados y difundidos, con lo que algunos investigadores les siguieron la pista; uno de ellos había muerto, pero los otros dijeron que, efectivamente, en aquellos tiempos eran indigentes y vivían en cualquier lado. La hermana del que había muerto reveló que él había sido alcohólico y se refugiaba con otros en los vagones abandonados de la estación de ferrocarril; así que todo coincide con lo dicho por la policía. A los tres se les proporcionó un baño caliente, un corte de pelo, y una cama en un hostal, donde pasaron la noche previa a la fotografía. También se les dio algo de ropa de "segunda mano"; la famosa "chaqueta europea" y los zapatos de "Frenchie" seguramente procedían de aquel dispensario de caridad. Otro hombre que se encontraba en prisión, James Files, en 1994 confesó haber sido uno de los asesinos; él declaró que había sido militar y más tarde trabajó para un jefe de la mafia llamado Charles Nicoletti, que fue quien lo involucró en el atentado. Según él, Nicoletti había hecho los disparos desde un edifico de Grassy Knoll.[7] Era conveniente para Files que Nicoletti hubiera muerto en los setenta y, a pesar de la impresionante página en Internet que apoya su declaratoria, no se tienen elementos razonables para creer en su historia. Hasta ahora no hay nada significativo en el caso Kennedy que pudiera dar sustancia a su teoría, y ningún investigador ha tomado su causa. Otro candidato a francotirador desde el conjunto Grassy Knoll, es el finado Roscoe White. Su hijo y última esposa se dedicaron a publicitar su historia y produjeron documentos en los que aparentemente se demuestra esa aseveración. Al principio esto parecía creíble, pues White formaba parte del cuerpo de policía de Dallas en el tiempo de los disparos y había sido miembro de los Marines en la misma época en que lo había sido Oswald. Pero en un análisis más fino se probó su falsedad.[8] Otro de los autodelatores es un hombre llamado T. Casey Brennan, quien confesó delante de quien lo quisiera escuchar (incluyendo a este escritor) que él había disparado sobre JFK, pero que lo había hecho porque alguien "controlaba su mente".[9]

"MAC" WALLACE

En 1971, Mark Collom contrajo hepatitis y fue puesto en aislamiento en un hospital; en esta área se encontraba otro enfermo de lo mismo, un indio americano llamado Loy Factor, quien, según la descripción de Collom, tenía un aspecto infantil y era deficiente mental, pues había sufrido daño cerebral a causa de heridas en acción durante la Segunda Guerra Mundial. Factor estaba pagando una condena de 44 años de cárcel por un asesinato que juraba no haber cometido. Collom y Factor pasaron varios meses juntos, y eventualmente Factor comentó a su compañero que él había estado involucrado en el asesinato de Kennedy. Cuatro años después, Collom se encontró con un antiguo amigo de la escuela, Glen Sample, y le contó su experiencia con Factor en el hospital. Entonces ellos decidieron hacer una grabación con lo que sabían y la enviaron a un periodista conocido de Sample. Pero no pasó nada y ellos se olvidaron del asunto. Sin embargo, en 1992, en el ambiente de renovado entusiasmo creado por la película de Oliver Stone, Collom se comunicó con Larry Howard, quien entonces era director del "Centro de Información del Asesinato de Kennedy", en Dallas, y le contó la historia de Factor. Howard hizo pesquisas y descubrió que algunos puntos de la historia de Factor presentaban coincidencias significativas con los hechos; esto animó a Sample y Collom a retomar e investigar la extraña historia que

Factor le había contado a Collom hacía ya más de una década. En 1994, Glen Sample colocó un inserto de prensa en el que contaba la historia con toda sencillez, diciendo que Factor, para entonces fallecido, le había confesado su participación en el asesinato. Por supuesto, nadie tomó en serio la noticia.

Un año después, él y Mark Collom publicaron por su cuenta un libro llamado *The Men on the Sixth Floor* (*Los hombres del sexto piso*) (Garden Grove, CA: Sample Graphics, 1995), en el que se narra y analiza la historia de Loy Factor y se argumenta lo más posible para darle credibilidad; aunque tampoco produjo un efecto significativo,[10] lo que no es de sorprenderse. Como secuela de la película de Stone apareció un verdadero torrente de libros sobre el tema, éste fue solamente una edición de autor que no revelaba nada especial y no era más que otra de las muchas "confesiones" que costaron tiempo y esfuerzo a los investigadores y que finalmente resultaron fantasiosas o fraudulentas.

La historia de Factor parecía tener muchos absurdos e inconsistencias, en especial la reiteración de que Oswald había sido uno de los francotiradores. Pero tres años después ocurrió algo que cambió las cosas, y la extraña historia comenzó a ser menos ridícula.

El libro que Sample y Collom escribieron y publicaron es, en principio, la reseña de las entrevistas que le hicieron al viejo y achacoso Factor, para después intentar corroborar su historia. A continuación presentamos una síntesis de ella:

En 1962, en el funeral de un político tejano, Factor conoció a un hombre del que sólo sabía que se llamaba Wallace. Factor comentó que él había asistido a esa ceremonia sólo para ver gente famosa. En el curso de la conversación con Wallace, Factor presumió de que era un buen cazador y que su puntería era excelente; Wallace pareció interesarse en ello y le pidió sus señas.

Un año después se comunicó con él y le pidió que le diera una demostración de sus habilidades como tirador. Habiéndolo visto acertar en sus disparos, el hombre le dijo a Factor que tenía un trabajo para él, algo por lo que le pagaría 10 000 dólares, dándole 2 000 de inmediato y el resto cuando hiciera el trabajo. Factor aceptó los dos mil dólares, sabiendo que el trabajo consistiría en disparar contra una persona. Para un indígena que vivía en la miseria aquello era mucho dinero. Posteriormente, el hombre envió gente para que recogiera a Factor y lo llevara al lugar donde debería hacer el trabajo. Así fue que llegó a Dallas, donde conoció a Jack Ruby, a Lee Harvey Oswald y a una mujer hispana llamada Ruth Ann. Todos ellos se instalaron en el sexto piso del depósito de libros.

> Al momento en que la comitiva motorizada entraba en Elm Street, Ruth Ann comenzó el conteo: uno..., dos..., tres... Al pronunciar el tres ella hizo una seña con la mano y los tiradores hicieron un disparo cada uno, para después salir corriendo escaleras abajo. Ruth Ann y Factor se dirigieron al lugar donde se encontraba estacionado su auto; Oswald y Wallace en direcciones distintas. Factor manejó el auto con rumbo a la estación de autobuses, a unas calles de distancia, donde él pretendía tomar un autobús para regresar a casa. Factor se quedó en la estación a la espera de la próxima corrida, pero poco después se presentaron Ruth Ann y Wallace para recoger a Factor; lo subieron al coche y lo llevaron fuera de a ciudad.[11]

Algunos estudiosos del asesinato leyeron este libro apenas apareció, pero todos lo rechazaron, pues era una asunción universal el que

Oswald no había disparado aquel día; además de que los movimientos de Oswald después del atentado son perfectamente conocidos. Él no salió corriendo del edificio en compañía de nadie; cuando llegó la policía él estaba en la planta baja del edificio tomándose una Coca Cola que había obtenido de la máquina. Así que, por lo menos en este aspecto, la historia de Factor es obviamente falsa, y revela un gran desconocimiento de los detalles del caso por parte de Sample y Collom, autores del libro.

De cualquier manera, absurdo o no, lo interesante de esta "confesión" de Loy Factor es la referencia que éste hace a Collom de la presencia de un hombre llamado Wallace. Cuatro años después de la primera publicación de la historia de Loy Factor que hizo Sample en la prensa, sucedió que una de las huellas dactilares que se había encontrado en el sexto piso del depósito de libros terminó siendo identificada como perteneciente a un tal Malcom "Mac" Wallace.[12] Aunque el proceso de identificación duró mucho tiempo, es un hecho documentado que esa huella había sido recogida en el sitio indicado el 22 de noviembre de 1963.[13]

La historia de Factor acerca de la mecánica de los hechos es por lo menos insatisfactoria.

Él dice que estaba junto con los demás en el sexto piso del edificio de Dallas, en posesión de un rifle, pero que él no disparó en contra de Kennedy, lo que es muy difícil de creerse; pero si no damos crédito a esta parte de la historia, ¿por qué habríamos de creer lo relativo a Ruby y Oswald como parte del complot? La única razón por la que se podría tomar en serio esa historia es por el hecho de haber identificado a Wallace como partícipe, lo que se refuerza por las fotografías que le presentaron Collom y Sample y en las que él identifica al "Wallace" de su relato como "Mac" Wallace, y esto sucedió antes de que la policía lo identificara a partir de la huella dactilar en el piso sexto del edificio, lo que se hizo público hasta 1998, cuando Walt Brown, autor de cuatro libros acerca del asesinato, representando a un "grupo de investigadores texanos", convocó a una conferencia de prensa en Dallas para anunciar que la hasta entonces única huella que quedaba sin definir había sido identificada como perteneciente a Malcom, "Mac" Wallace, un hombre que había sido mencionado como figura central en el relato de Sample y Collom.[14] En lo relativo a la evidencia física, éste es el descubrimiento más interesante en el caso desde 1963, y resulta sorprendente que no haya despertado interés en los medios de comunicación... Pero, ¿quién es este "Mac" Wallace?

"MAC" WALLACE Y LBJ

El día anterior al asesinato, el futuro político del vicepresidente Lyndon Baines Johnson estaba en entredicho. Seguramente él sería eliminado por los Kennedy del candelero político en la elección de 1964; además de que existía la posibilidad de que terminara en la cárcel. En su magnífico trabajo acerca de la carrera política de Johnson.[15] Robert Caro nos lo muestra como un hombre básicamente corrupto, un hombre que comenzó su carrera política de adolescente "arreglando" una elección en la escuela secundaria, en la que él mismo no tomó parte; un hombre que prácticamente robó su elección como senador en 1948, y que durante muchos años fungió como uno de los mejores "arregladores" y manipuladores en el Congreso y en el Senado.[16] Él no era nada sutil ni discreto en estos asuntos. A finales de los cincuenta, a partir de una carrera como funcionario público con un salario relativamente modesto, Johnson se había convertido en multimillonario, propietario de grandes extensiones de terreno en Texas, que incluían su propia estación de radio. (En una lectura más benevolente de la obra de Caro se podría interpretar la personalidad de Johnson como la de un verdadero maestro de la política, alguien que sabía jugar el juego tal como era y que trataba de hacer las cosas en beneficio de la gente, por lo menos en sus primeros tiempos.)

Para 1962, el imperio político de LBJ y su área de influencia era extraordinariamente significativa para el sistema en general. Los dos grandes escándalos políticos en los que se había involucrado poco a poco se habían difuminado ante el brillo de su imagen. En el primero de estos escándalos se le asociaba con un estafador texano llamado Billy Sol Estes, quien dirigía una empresa de apoyo al campo que recibía grandes subsidios del gobierno federal —21 millones al año, según el propio Estes, lo que serían aproximadamente 500 millones en dinero actual—, para financiar un programa de dotación de cosechadoras de algodón y fertilizantes, que en realidad no existían. Para mantener su rentable negocio, Estes había estado sobornando a varios políticos de Texas durante los años cincuenta. Un oficial del departamento de Agricultura, llamado Henry Marshall, comenzó a investigar a Estes y fue asesinado en junio de 1961. El Juez de paz de la localidad, de quien se decía era amigo de Johnson, según crónicas de la época, investigó el caso y dictaminó que Marshall se había suicidado..., ¡disparándose cinco veces con su rifle!

Otros que aparecían en la historia de Billy Sol Estes murieron después de Marshall. George Krutilnek, un contador que trabajaba para Estes, Harold Orr, un hombre que hacía negocios con él, y Howard Pratt, quien trabajaba en otra compañía de Estes; todos murieron aparentemente envenenados por el monóxido de carbono de sus propios vehículos.[17]

J. Evetts Haley, en quien me fundamento para decir esto, coloca una nota de pie de página referente a la segunda víctima del monóxido de carbono, en la que se lee: "La gran incidencia de mortalidad por intoxicación de monóxido de carbono es el tema de un artículo de Clyde Walters, en *Amarillo-Globe-Times,* del 26 de marzo de 1964".

La muerte por efecto del gas que se filtra dentro de los vehículos llegó a conocerse como el "suicidio texano". Se inició una investigación del Senado que comenzó a descubrir algunas cosas; pero los amigos de Johnson hicieron lo necesario para detener este proceso. Estes mantuvo la boca cerrada y Johnson terminó de enterrar el asunto cuando llegó a la presidencia. En 1968, Estes fue procesado y encontrado culpable de fraude, pero nunca mencionó a Johnson.

En 1963 se produjo otro escándalo, esta vez en torno a un "protegido" de LBJ en el Senado, de nombre Bobby Baker. Él no era más que un oficial menor en el Senado, pero era parte de la red de influencia política de LBJ. Baker era dueño de un motel y un bar adjunto en el que proveía toda clase de diversiones eróticas para los políticos de Washington (viendo las cosas en retrospectiva, tendríamos que tomar en cuenta que aquella red de corrupción en que se había convertido la política de Washington había llegado a ser algo demasiado estridente). En 1963, algunas de las actividades de Baker comenzaron a rebasar la discreción, y el Comité de Ética del Senado comenzó a investigar. En las "memorias" de un personaje dedicado al "cabildeo" en el Senado en aquella época, Robert Winter-Berger, se narra cómo, unos meses después de que Johnson asumiera la presidencia, él se encontraba en la oficina de John McCormack, el vocero de la Casa Blanca, cuando de pronto entró Johnson muy excitado y comenzó a hablar de lo engorroso que le resultaba ya el asunto de Bobby Baker, en estos términos:

> John, este hijo de puta me va a arruinar; si ese maldito se pone a hablar yo voy a ir a parar con mis huesos a la cárcel. Ese cabrón me debe todo lo que tiene y ahora puede hacer que yo sea el primer presidente de los Estados Unidos que pase los últimos días de su vida tras las rejas.[18]

Todo el capítulo segundo de las memorias de Winter-Berger, "El gabinete de McCormack", está concebido como una síntesis de la política en sus niveles de la más cruda realidad. Pero lo más interesante de todo es que da buena cuenta de los esfuerzos de los medios masivos para ignorar la historia de Baker y los intentos de ambos partidos políticos para suprimir la investigación. En las páginas 57-58 del libro de Winter-Berger, se lee:

> Disposiciones legislativas específicas daban a Bobby Baker una significativa reducción de impuestos en algunos de sus negocios, y éstas habían sido aprobadas por legisladores muy interesados en favorecer a este joven bri-

> llante que había sido *protégé* de Lyndon Johnson por muchos años. Dado que Washington es una comunidad básicamente empresarial, y las finanzas se entrecruzan con la política, esta escandalosa mezcla entre la estructura federal y una persona en particular que podía manejar a su favor los organismos más elevados causó un verdadero pánico.

¿Disposiciones legislativas para reducir los impuestos de un funcionario menor del Senado?... Durante esta crisis, Baker permaneció impávido, aceptó el golpe y emergió de la prisión para escribir unas "memorias" apologéticas en las que negaba prácticamente todo.[19]

En la versión de 1964 de J. Evetts Haley acerca del escándalo de Billy Sol Estes, incluyendo los detalles de las misteriosas muertes, comienza por la reseña de la muerte de John Kinser, en 1951, quien en aquellos tiempos estaba ligado románticamente a Josefa, la hermana de LBJ. Kinser fue asesinado por "Mac" Wallace en extrañas circunstancias. Habiéndosele encontrado culpable de asesinato en primer grado en 1952, fue sentenciado a... ¡cinco años de prisión, con posible reducción de pena!

Evetts Haley nos dice que al salir de la cárcel "Mac" Wallace fue a Washington y trabajó de manera personal para Johnson, antes de ser incorporado de manera formal al Departamento de Agricultura como "economista".[20] Haley asume que Wallace ya trabajaba para Johnson cuando mató a John Kinser. Yuxtaponiendo el asesinato de Kinser con las muertes que rodearon el caso de Billy Sol Estes, Haley sugiere al lector, sin decirlo, que Wallace tuvo algo que ver con esas muertes. "Mac" Wallace murió en un accidente automovilístico en 1971, pero no fue olvidado. Después de salir de la cárcel, Billy Sol Estes testificó ante un Gran Jurado que reabrió el caso del "suicidio" de Henry Marshall:

> "Un policía texano, Clint Peoples, había hecho amistad con Estes y lo convenció para que se presentara ante el Gran Jurado del Condado de Robertson y limpiara su expediente respecto de los fraudes con los implementos agrícola, de la muerte de Henry Marshall, del involucramiento de LBJ y de otros asuntos. Entonces él contó lo que había pasado con todo su trabajo sucio: Los millones de dólares que se incorporaban al fondo secreto de Johnson, los falsos manejos con los implementos del algodón y la muerte de Henry Marshall. Estes declaró que Lyndon Johnson, Cliff Carter (un ayudante de LBJ), Malcom Wallace y él mismo se reunie-

ron en varias ocasiones para discutir el caso de Marshall, quien había rechazado un trabajo arreglado por Johnson en las oficinas de Washington, por lo que éste dudaba de su lealtad y temía que se pusiera a hablar. Según Estes, Johnson finalmente dijo: Háganse cargo de él, y se le dio la tarea a Malcom "Mac" Wallace. Según este testimonio, Wallace siguió a Marshall hasta un área remota de su granja y lo golpeó hasta dejarlo inconsciente. Después, mientras intentaba asfixiarlo con los humos del escape del camión del propio Marshall, Wallace creyó escuchar que alguien se acercaba a la zona; entonces rápidamente tomó el rifle que normalmente Marshall llevaba en su vehículo, le disparó cinco veces y salió huyendo".[21]

En 1984, el Gran Jurado cambió el veredicto de la muerte de Henry Marshall, de "suicidio" a "disparo de arma de fuego". Pronto se tuvieron noticias en Washington acerca de lo ocurrido en aquel nuevo juicio celebrado en Texas, y Estes fue contactado por el Departamento de Justicia. A esto siguió un intercambio de cartas entre el abogado de Estes y un funcionario del Departamento de Justicia. En una de esas cartas, el abogado de Estes, Douglas Caddy, dice lo siguiente:

Agosto 9, 1984
Señor Stephen S. Trott
Asistente del Fiscal General, División Criminal
Departamento de Justicia de los Estados Unidos
Washington, D. C. 20530
de: Señor Billie Sol Estes

Estimado señor Trott:

Mi cliente, el señor Estes, me ha autorizado para hacer la siguiente réplica a la carta de usted, del 29 de mayo de 1984. El señor Estes formó parte de un grupo de cuatro miembros, encabezados por Lyndon Johnson, quienes cometieron actos criminales en Texas en la década de los sesenta. Los otros dos, además del señor Estes y de LBJ, fueron Cliff Carter y Mac Wallace. El señor Estes está dispuesto a revelar su conocimiento acerca de los siguientes hechos criminales:

Homicidios:

1. El asesinato de Henry Marshall
2. El asesinato de George Krutilek
3. El asesinato de Ike Rogers y de su secretario
4. El asesinato de Harold Orr
5. El asesinato de Coleman Wade
6. El asesinato de Josefa Johnson
7. El asesinato de John Kinser
8. El asesinato del presidente J. F. Kennedy

> El señor Estes está dispuesto a testificar que LBJ ordenó estos crímenes, y que él transmitió esas órdenes a Mac Wallace a través de Cliff Carter. Mac fue el ejecutor de esos homicidios. En el caso de los homicidios del 1 al 7, el conocimiento que el señor Estes tenía de los detalles precisos de la manera como se ejecutaron esos crímenes es producto de las conversaciones que él sostuvo con Cliff Carter y Mac Wallace poco tiempo después de realizado cada evento.

En adición a lo anterior, poco después de que el señor Estes fue liberado de su prisión, en 1971, se encontró con Cliff Carter, y ellos rememoraron lo que había ocurrido en el pasado, incluyendo los homicidios. Durante esa conversación, Carter habló de un total de 17 asesinatos que se habían cometido, algunos de los cuales eran desconocidos para el señor Estes. En aquella reunión estuvo presente un testigo, y él está dispuesto a rendir testimonio; se trata de Kyle Brown, originario de Houston y que ahora radica en Brady, Texas.

El señor Estes declara que Mac Wallace, a quien describe como un "frío asesino con antecedentes comunistas", fue quien reclutó a Jack Ruby, quien, a su vez reclutó a Lee Harvey

Oswald. El señor Estes señala que Cliff Carter le dijo que se había creado la expectativa de que se realizaría un atentado para matar a Fidel Castro precisamente el día en que se haría lo de Kennedy, y que así Robert Kennedy, esperando la noticia de que Castro había sido liquidado, la que recibiría era la de la muerte de su hermano.

El señor Estes declara que la Mafia no participó en el asesinato de Kennedy, su participación fue considerada, pero LBJ rechazó la idea, pues pensaba que si se involucraban elementos de la Mafia, tendrían información acerca de todo el asunto, y eso les daría argumentos para chantajearlo más tarde.

El señor Estes declara que el señor Ronnie Clark, de Wichita, Kansas, en varias ocasiones se puso en contacto con él. El señor Clark, quien visita Las Vegas con frecuencia, ha dado señas de estar enterado de lo que el señor Estes sabe acerca del asesinato de Kennedy. El señor Clark dice haberse reunido con el señor Jack Ruby unos días antes del asesinato, y que entonces hablaron de los pormenores del plan criminal.

El señor Estes declara que sostuvo conversaciones con Jimmy Hoffa, en el sentido de obtener su ayuda para asesinar a Robert Kennedy. Larry Cabell mataría a Robert mientras circulaba en su convertible.

El señor Estes posee grabaciones de sus llamadas telefónicas que cubren los años en que ocurrieron los eventos que señala en su relato y en las que se puede reconocer a las personas mencionadas.[22] En esta misma carta, Caddy solicita toda clase de seguridades e inmunidad para Estes, su cliente. Pero como el Departamento de Justicia no estaba en disposición de otorgarle tales seguridades, el contacto formal no se realizó.[23] Las declaraciones de Estes son fascinantes, pero existen lógicos inconvenientes con ellas: un estafador convicto de la talla de Estes no es precisamente la personificación de un testigo confiable. En 1999 él concedió una entrevista para una revista francesa en la que dice tener evidencias objetivas, en forma de grabaciones, de conversaciones telefónicas con LBJ y Cliff Carter, pero éstas nunca se hicieron públicas. Además, la historia de Estes parece ser una secuela, extendida y elaborada, de la historia que narró Haley en su libro de 1964, el que, aún desconocido fuera de los Estados Unidos, vendió decenas de miles de ejemplares. Estes no podía desconocer este material.[24]

De los ocho homicidios que componen su lista, cuatro aparecen en el libro de Haley, con el acento puesto en Wallace como ejecutor. Existe la posibilidad de que Estes simplemente haya retomado esta historia. La carta del abogado de Estes no es en sí misma evidencia de nada, presenta declaraciones interesantes, pero nada más. De cualquier manera, resulta significativo que estas declaraciones fueran hechas antes de que se identificara la huella digital que pertenecía a "Mac" Wallace, y siete años antes de las entrevistas con Loy Factor, en las que él habla de Wallace y lo identifica en las fotografías que le presentaron Sample y Collom. Pero hay más.

En su libro autobiográfico, *Mornings in Texas* (*Mañanas en Texas*), la finada Madeleine Brown, quien fuera amante de LBJ, escribe lo siguiente:

> La noche del jueves 21 de noviembre de 1963, la última noche antes de la caída de Camelot, yo asistí a una fiesta en casa de Clint Murchison. Yo tenía entendido que aquella era una celebración en honor de Edgar Hoover, y de su compañero, Clyde Tolson. Murchison era amigo de Hoover desde hacía mucho tiempo (lo había conocido por mediación del presidente Howard Taft). Val Imm, el editor del

diario ahora desaparecido *Dallas Times Herald* haría la reseña de uno de los eventos sociales más importantes en la historia de los Estados Unidos. La lista de invitados era impresionante, incluía a John McCloy, Richard Nixon, George Brown, Robert L. Thonton, H. L. Hunt y otros miembros del grupo 8F. La jovial reunión apenas comenzaba cuando de pronto hizo su aparición Lyndon; yo fui la primera en sorprenderme por su presencia ahí, pues Jesse no me había dicho que Lyndon vendría a la fiesta de Clint, y con la apretada agenda que él tenía, yo ni siquiera soñaba que él pudiera darse tiempo de asistir a la gran fiesta. Sin embargo, él estaba en Dallas, había llegado el martes para asistir a la convención de la Pepsi-Cola (lo mismo que Richard Nixon). Al llegar él, se sintió la tensión en la gente; pero de inmediato él y un grupo pequeño fueron a otra habitación y se encerraron ahí; pero al poco tiempo Lyndon reapareció; parecía ansioso y su rostro estaba enrojecido. Como yo conocía bien la manera discreta como operaba Lyndon no comenté nada..., ni siquiera lo feliz que me sentía al verlo. Entonces él tomó mi mano con fuerza y yo me sentí inquieta por aquella presión; me habló al oído, pero aquel no fue un mensaje de amor, sino otras palabras que yo nunca olvidaré: "Después de mañana, ese

> maldito Kennedy ya no me molestará más; te lo prometo; esto no es ninguna broma".

La mañana siguiente (22 de noviembre de 1963), Madeleine Brown narra una breve conversación que sostuvo con Lyndon:

> Yo apenas había pronunciado las palabras: "acerca de lo que me dijiste anoche..." cuando él estalló en rabiosas imprecaciones: "¡Ese hijo de..., maldito tramposo..., y esa...mafia irlandesa de los cab... Kennedy... Nunca me volverán a humillar!

¿Está ella sugiriendo que en aquella reunión entre políticos y financieros se discutió y aprobó el asesinato? ¿Se reunieron en Dallas para eso?... Desgraciadamente ya no podríamos preguntárselo, pues ella murió en junio de 2002. En todo caso, lo que ella dijo no puede ser verdad, o al menos no ocurrió en la forma que ella apunta. Un conocido investigador de JFK, Gary Mack, comprobó que LBJ no estuvo en la fiesta aquella noche, pues fue visto y fotografiado en un evento en Houston; además de que Nixon también fue visto en otro sitio por dos periodistas. Independientemente de su falaz historia de la fiesta en Dallas, hay que decir que fue Madeleine Brown quien dio a Sample y Collom el nombre de pila de Wallace, que ellos habían recibido de Loy Factor. Ella inmediatamente lo identificó como Malcom Wallace y les dio la información de que él había sido procesado y convicto por el asesinato John Kinser en 1951; les dijo también que Wallace había matado a Henry Marshall, y agregó:

> Yo siempre he dicho que otro de los tiradores que estaban en Dealey Plaza el día que mataron a Kennedy no era otro que Malcom Wallace. Yo se lo dije a Larry [Howard] la primera vez que hablé con él.[27]

Madeleine mostró a Collom y Sample la página 90 del que entonces era el manuscrito de su libro. Ella había escrito:

> Malcom E. Wallace..., quien tiene en su haber una larga lista de sangrientos asesinatos. Para muchos de nosotros él es el principal sospechosos en el asesinato del presidente Kennedy. Yo me reuní con el alguacil Marshall Clint Peoples para decirle lo que sabía, pues había sido testigo de las prácticas de tiro que hacía Mac en el "Dallas Gun Club". Él [Peoples] pensaba abrir una investigación para probar que Wallace había sido uno de los tiradores que se habían instalado en el edificio. Desgraciadamente, la súbita y misteriosa muerte de Clint hizo que este asunto

> se dejara a un lado..., ni siquiera se mencionó.[28]

Más tarde aparecieron tres elementos de evidencia; el primero era el texto de un par de cartas escritas por Jack Ruby que él logró sacar de la prisión y en las que alude a LBJ, recomendando a quienes pudieran tener acceso a esas cartas que deberían leer el libro de J. Evetts Haley (que hemos citado aquí). En una de esas cartas, Ruby dice:

> ...ellos encontraron medios muy ingeniosos para ambrollarme en el asunto, y eso sería usado más tarde para mostrar al pueblo americano que yo había sido parte de una conspiración para matar al presidente, y que yo había sido usado para silenciar a Oswald... Fueron ellos solos los que planearon el asesinato, y con "ellos" me refiero a Johnson y a otros... Lean el libro *A Texan Look at Lyndon* (*Texas mira a Lyndon*) (*sic.*, se refiere al libro de Haley Un tejano mira hacia Lyndon), y ahí se van a enterar de muchas cosas de Johnson y de cómo él engañó a todo el mundo... En toda la historia de los Estados Unidos nunca había existido un presidente de tan negra historia..., créanme, comparado con él yo soy un santo.[29]

La segunda pieza de evidencia fue un libro llamado *Blood, Money and Power* (*Sangre, dinero y poder*), escrito por Barr McClellan (Nueva York. Hanover House, 2003). El libro lleva el subtítulo: *Cómo fue que LBJ mató a JFK*, y en él McClellan se presenta como un abogado que trabajó en un despacho de Texas, propiedad de Ed Clark, en el que se representaron los intereses de LBJ durante muchos años y que era, según McClellan, "el propio corazón de la máquina política de Johnson"; aquí se planeaban todas las estratagemas, se organizaban los negocios turbios y se arreglaban las cosas para LBJ. (Clark fue nombrado embajador en Australia por LBJ). McClellan dice que LBJ dio a Clark el encargo de organizar el asesinato de Kennedy, y que éste, en primera instancia, conectó a Wallace. Sin embargo, al examinar detenidamente estas aseveraciones, nos damos cuenta de que McClellan no posee evidencia directa de esto; lo único que él tiene es alguna información circunstancial y la declaración de un socio del despacho, quien es el que afirma que Clark hizo aquel trabajo.

Lo que McClellan hace en buena parte del libro es una interesante descripción de esa especie de "justicia informal" que se practicaba en Texas, basada en contactos personales, favores, corrupción y violencia, que eran los procedimientos habituales para un pequeño sector del sistema judicial que trabajaba para su propio beneficio. Pero más allá de eso, lo que él piensa que pasó en Dallas es mera ficción. Por otro lado, McClellan afirma haber conocido a "Mac" Wallace y haberlo visto en varias ocasiones precisamente en las oficinas de Clark.

La tercera evidencia es la confesión, *in articulo mortis*, que hizo E. Howard Hunt, antiguo oficial de la CIA y uno de los "espías privados" de Nixon en la Casa Blanca, de los llamados "plomeros". Un hijo de Hunt dijo que su padre moribundo le había confesado que él sabía quién había organizado el asesinato de Kennedy: un grupo de agentes de la CIA..., y LBJ.[30] Sin embargo, el hijo nunca mostró el documento que supuestamente había escrito y firmado su padre en su lecho de muerte, por lo que solamente tenemos su palabra para avalar la confesión de su padre. Ni el libro de McClellan ni la "confesión de Hunt" presentan algo sustancial, pero al menos representan la entrada de LBJ en el amplio catálogo de sospechosos del crimen, y ambos dieron pie para la propuesta de una nueva línea de investigación. Mientras más grande es el caso, requiere más y mejores pruebas. No tenemos el arma todavía caliente con las huellas de LBJ en ella; podríamos ignorar los comentarios hechos por Madeleine Brown (con todo y lo impactantes que son); podríamos desvirtuar la confesión de Factor, las declaraciones de Estes y aún la huella de Wallace en el sexto piso del edificio; solamente así no tendríamos un caso en contra de LBJ. Sin embargo, no es posible restar por completo validez a estas pistas, por lo que, bien vista, esta línea de investigación es la más interesante con la que contamos hasta el momento,[31] y podría basarse en la siguiente hipótesis: LBJ mató a Kennedy para salvar su carrera política y mantenerse fuera de la cárcel. No es increíble que LBJ y su pequeño grupo hubieran pensado en algo así; finalmente, era "más de lo mismo" para ellos. En 1963, Texas era todavía un territorio apartado, y LBJ, en efecto, dirigía su propio sindicato del crimen.

Y se convirtió en presidente. Hay un elemento de información particularmente interesante en el libro de Sample y Collom. Se trata de esa extraña pieza en el rompecabezas que es el hombre que no es Oswald y que estuvo en la Embajada Soviética en la ciudad de México.

Él fue fotografiado por un agente de la CIA al salir de la Embajada, identificado por la Agencia como "Lee Harvey Oswald". Pero no sólo eso; la Agencia tenía intervenida la Embajada de todas las maneras posibles, así que no sólo lo fotografiaron, sino que también grabaron su voz diciendo a un funcionario soviético: "Yo me llamo Lee Harvey Oswald". Estas fotografías aparecen en muchos de los libros acerca del asesinato, y, en realidad, el hombre que ahí se ve nunca ha sido identificado, pues las fotos no son nada claras.[32] Sample y Collom fueron presentados a un hombre llamado Gene Noblitt, quien les dijo que él conocía al hombre de las fotografías; era un tal Ralph Geb, que había sido compañero suyo en la escuela secundaria, en Texas, en los años treinta. Sample y Collom publicaron las fotos de Geb en su juventud, y ciertamente hay un parecido, pero nada más, con el hombre de 1963 en las fotografías de México, tomadas 25 años después de las que proporcionó Geb... Algo es algo, pero en este caso es muy poco. Sin embargo, por otro camino de investigación apareció algo muy significativo: ¿Quién fue el mejor amigo de Ralph Geb en la escuela?..., pues nada menos que Malcom "Mac" Wallace. ¿Acaso Geb fue reclutado por Wallace como parte de la operación para "disfrazar" a Oswald como simpatizante de los soviéticos?

Considerando los millones de horas que mucha gente ha dedicado a la investigación del caso Kennedy, los miles de libros que se han escrito y el esfuerzo realizado por cientos de personas, resulta muy incómodo que Collom y Sample, sin conocimiento formal del caso, de pronto, en 1971, logran la confesión de un nativo americano mentalmente afectado y con eso resuelven el caso. Sin embargo, con excepción del nombre de pila de Wallace que les dio Madeleine Brown de primera mano, el resto de la información que ellos manejan se encuentra en libros y material hemerográfico. Ellos no tenían noticia de la huella de Wallace en el sexto piso, ni del asunto de Estes, lo que apareció al público después de la publicación de su libro, y, sin embargo, ellos manejan esa información que, al parecer, se encontraba en el ambiente cercano y doméstico de Texas, mientras que los demás investigadores buscaban en un contexto mucho más amplio. Esa especie de ceguera se produjo principalmente a causa de que a nadie se le había ocurrido señalar como sospechoso a LBJ, hasta que lo hizo Joachim Joesten en *The*

Dark Side of Lyndon Johnson (*El lado oscuro de Lyndon Johnson*),aparecido en 1968.[33]

El hecho de que la imagen de LBJ se hubiera escabullido a la atención de los investigadores y en general de la gente no es casual y ahora nos parece claro. En parte se debe a la popular y oportuna investigación judicial de Garrison, en 1968, con lo que la atención de los medios, y de los estudiosos, se enfocó en los organismos del Estado (¿Quién más podría haber organizado la gran operación de encubrimiento?, se pensaba). Otro aspecto distractivo era la renuncia de Johnson a la candidatura en 1967, supuestamente a causa de que lo abrumaba la enorme agenda de asuntos por resolver: las muertes de King y del segundo Kennedy; las protestas populares, los Panteras Negras, las drogas, Vietnam, la CIA, Watergate, etcétera... Pero LBJ no había perdido cierto carisma social; a pesar de su desastrosa política en Vietnam, él era visto como un demócrata decente que por lo menos presionaba en el Congreso para que se aprobaran leyes benéficas para el pueblo; especialmente el llamado "Programa de la Gran Sociedad", centrado en la integración racial y el combate a la pobreza. Pero, no se puede dudar que la imagen de LBJ permanecía limpia gracias al operativo de encubrimiento organizado por él mismo y por J. Edgar Hoover, un programa tan elaborado y complejo que apenas se ha venido clarificando desde algunos años a la fecha.

NOTAS

[1] Respecto de Lorenz, ver Gaeton Fonzi, *The Last Investigation* (*La última investigación*), (Nueva York, Thunder's Mouth Press, 1993, capítulo 10).

[2] En <http://mcadams.posc.mu.edu/morrow.htm> se señalan docenas de errores e inconsistencias de su libro de 1992. Los libros de Morrow son coincidentes con las conclusiones de la "House Select Committee on Assassinations" y con la película de Oliver Stone, *JFK*. Uno de los rasgos de este caso es la manera como en cada movimiento de investigación seria aparece al mismo tiempo un contramovimiento tendiente a la desinformación.

[3] Sí, se trata del mismo Weberman que en una "anterior encarnación", se hizo famoso como "Dylanólogo", es decir, que se dedicababa a analizar todo lo concerniente a Bob Dylan. De ahí a convertirse en investigador del asesinato de Kennedy no hay

más que un paso. De cualquier manera, ambas actividades requieren un alto grado de capacidad para la obsesión.

[4] El libro de Weberman y Canfield es un ejemplo claro del deseo que tienen muchos teóricos de la conspiración americanos de juntarlo y relacionarlo todo, en lo que Tony Frewin ha llamado "Teoría del campo unificado de la conspiración". Esta tendencia a la unificación es muy visible en las décadas de los setenta y ochenta, y alcanzan una especie de clímax en un libro del "Instituto Crístico" publicado en 1987, llamado *The Affidavit of Daniel P. Sheehan* (*El testimonio de Daniel P. Sheehan*), en el que se habla de un "equipo secreto", de personal de la CIA, que es responsable de todo el trabajo sucio, desde Dallas, hasta el caso Irán-Contras. Daniel P. Sheehan volvió a aparecer recientemente, declarando que se le había permitido consultar los archivos gubernamentales en busca de pruebas objetivas de aterrizajes de Objetos Voladores no Identificados. La historia que construye con esta supuesta información es en extremo increíble. Yo presenté su relato y lo comenté en la revista *Lobster* (n° 42). Al parecer, el señor Sheehan se ha convertido en el vehículo idóneo de algunos organis-

mos gubernamentales para esparcir teorías descabelladas o desinformativas acerca de los OVNIS. El artículo aludido se encuentra en <http://www.ufomind.com/ufo/updates/2001/jul/m16-015.shtml>.

Howard Hunt refutó judicialmente el alegato de que él formó parte de una conspiración en el caso de Kennedy, y eventualmente perdió el caso, pues no pudo demostrar dónde había estado el 22 de noviembre de 1963... ¿Realmente alguno de nosotros podría demostrar eso mismo? Yo recuerdo dónde estaba, pero no tengo idea de donde encontrar a las personas con las que estaba, o si ellas podrían recordarme. Acerca del caso Hunt en la Corte se podría consultar: *Plausible Denial* (*Refutación creíble*), (Londres, Plexus, 1991).

[5] La viuda de Holt y su hija presentaron su propia teoría de que él fue uno de aquellos "vagabundos" de la fotografía, en una conferencia en Dallas, en el año 2000. Ver <http//www.jfklancer.com/Dallas00.html>. Durante una temporada, en 2001, la hija mantuvo una página web en la que expresaba sus argumentos; pero al parecer ya no existe.

[6] James Fetzer (ed.) *Assassination Science* (*La ciencia del asesinato*), (Chicago, Catfeet Press, 1998, p. 368).

[7] Ver <http//www.jfkmurdersolved.com/conffession2.htm>, <http://homes.acmecity.com/music/keyboards7688/frept97.htm.

[8] Ver <http//www.flash.net/~dperry2/roscoew.htm>, en donde se enceuntra un largo e impresionante ensayo de David Perry en el que se analizan los detalles de la historia de White. En este artículo se muestra con mucha claridad el inmenso trabajo que representa el atender casos de asesinatos como éste.

[9] He aquí un extracto de la historia de Brennan:

Al cumplir los trece años, yo ya estaba preparado para la sangre. Yo empecé la escuela en 1953, entrando al primer grado a los cinco años. En 1961 inicié la secundaria, en la Escuela Peck, del condado de Sanilac, antes de que se volviera infame por aquello de haber sido el origen del atentado con bombas en Oklahoma City. A los trece años estaba fascinado con los panfletos que me proporcionaban, muchas veces en enormes cantidades, mis tutores en la escuela, amigos de los políticos más extremistas de la derecha. Estos materiales iban desde los discursos populistas de Myron Fagan, las presentaciones de la Fraternidad de Cine Educativo, hasta los ensayos académicos del doctor Fred G. Schwartz, de la Cruzada Cristiana Anticomunista, que compartía sus oficinas con el Comité de juego limpio con Cuba, en Nueva Orleans. Más tarde, ya en mi último año, el maestro Robert Losie daba una materia que se llamaba "Comunismo", basada en el texto básico de la Cruzada Anticomunista: "Tú puedes confiar en los comunistas" y "Para ser comunistas", de Fred G. Schwartz. A los trece, hacía ya ocho años que, aterrado y como si estuviera drogado, había conocido a David Ferrie; y hacía dos años que había caído bajo los poderes hipnóticos de J. H. Earnshaw; faltaban dos años para que ellos me raptaran del aeropuerto de Michigan, en noviembre de 1963 y me forzaran a disparar desde la bodega del sexto piso del edificio del depósito de libros, en Dallas...

<http://pweb.netcom.com/~mithorn/3brennan.htm>.

Hace algunos años el señor Brennan me mandó su historia por correo electrónico, y me pareció algo tan grotesco que decidí no publicarlo.

[10] El especialista en libros de JFK de la revista *Lobster*, Anthony Frewin, quien ha leído una gran cantdad de literatura sobre el

caso, escribió lo siguiente: "¿Loy Factor?... Loco el nombre, loco el tipo". Él era un indio *Chickasaw* que dijo haber esatdo en el sexto piso del depósito de libros "ayudando" en el trabajo de asesinar a Kennedy; y, ¿quién estaba detrás del crimen?: Nada menos que LBJ. Collom y Sample le dan color a la historia de Factor y buscan la manera de hacerla creíble. El libro pertenece a la índole del de Easterling, en el que se tratan de validar las declaraciones de Henry Hurt, y de "la confesión" de Robert Morrow.

En 2001 apareció una nueva edición de *The Men on The Sixth Floor* (*op. cit*), de The Last Hurrah Bookshop, que está disponible en <http://members,aol.com/jfkhurrah/>.

[11] Esta cita del libro de Sample y Collom ha sido tomada del ensayo de David Perry "A Few Good Men" (1995), en <http://mcadoms.posc.mu/edu/goodmentxt>. En este sitio, Perry echa abajo esta teoría parte por parte, lo que no es difícil de hacer.

[12] La identificación fue hecha por A. Nathan Darby, un experto certificado en análisis de huellas dactilares con mucha experiencia. El señor Darby firmó un testimonio notarial en el que señala que puede afirmar que la huella "desconocida" coincide

en 14 puntos con la placa que se proporcionó, que fue la que se tomó en 1951 de Mac Wallace. Los reglamentos en los Estados Unidos requieren un mínimo de 12 puntos para considerar legalmente válida una identificación, así que este dictamen es conclusivo. De <http://home.earthlink.net/~sixthfloor/prints2.htm>.

[13] Nada podría ser más claro que esto. Sin embargo existen otras posibilidades, por ejemplo, que la huella de Wallace hubiera sido implantada en el sitio, lo que me parece improbable, pues, si la huella hubiera sido implantada en un mueble, ¿por qué no hacerlo directamente en el rifle? Eran muy grandes las probablidades de que no se le hubiera encontrado en el mueble.

[14] <http://spot.acorn.net/jfkplace/09/ep.back_issues22nd_issue/breackthrue2.htm>

[15] Robert A. Caro, *The Years of Lyndon B. Johnson. Voume 1: The Path to Power* (*Los años de Lyndon B. Johnson: El camino hacia el poder*), (Londres, Collins, 1982); *Volume 2: Means of Ascent* (*Medios de ascenso*), (Londres, The Bodley Head, 1990).

[16] En esa elección, la urna del precinto 13, llena de votos, nunca fue abierta. Los aliados

de Johnson, miembros del crimen organizado de la zona, la habían llenado de votos para el caso de que los necesitaran; pero sucedió que él ganó sin necesidad de recurrir a la trampa. Esta anécdota se inmortalizó cuando fue utilizada por la televisión americana en un programa de concurso de los años cincuenta. En algún momento del juego se daba al participante la opción de tomar el dinero ganado, o "abrir la caja" para obtener un premio sorpresa. El premio estaba siempre en la "caja 13". En el volumen 2 del libro de Caro (ver nota 15), en la página 286, se muestra una fotografía de la caja 13 original, resguardada por la policía de Texas.

[17] Aparecido en el *Dallas Morning News*, del 24 de marzo de 1984; citado por Sample y Collom, pp. 122-24. Ver también J. Evetts Haley, *A Texan Looks at Lyndon* (op. cit), (Canyon, Texas; Palo Duro Press, 1964, pp. 136-137). Haley fue un escritor, ranchero y político texano que se postuló para gobernador en las elecciones de 1956. En la portada de su libro se describe a sí mismo como "Demócrata constitucional de toda la vida", lo que significa que él era uno de los llamados "Dixiecrats" (Dixiecratas) blancos, sureños, miembros del ala racista y con-

servadora que formó el Partido Demócrata en Texas. Años más tarde, el mismo grupo llevó a la gobernatura a George Wallace. Al parecer, Wallace se empeñaba en impedir la reelección de Nixon en 1972, cuando fue baleado por otro "asesino solitario", que no logró matarlo, pero lo dejó paralizado de la cintura para abajo. En el libro de Haley se describen los escándalos en torno a Johnson durante los años sesenta; aunque se toma mucho espacio para atacar a Lyndon, por considerarlo izquierdista y partidario del "Nuevo Trato"... Él ha traicionado los ideales sureños, las añoranzas y las tradiciones que costaron tanto sufrimiento y un mar de sangre; para adherirse a propuestas obscenas y descastadas, negando el valor de la raza e incluso proponiendo matrimonios interraciales. p. 228.

[18] Robert Winter-Berger, *The Washington Payof* (*El ajuste de cuentas de Washington*), (Nueva York, Dell, 1972, pp. 62-63).

[19] Se produjo también un escándalo concerniente a un contrato para construir un avión de combate, el TFX. La vista de este caso en el Congreso se había programado para el 27 de noviembre; pero, después del asesinato, el 22 de noviembre, el Comité

ya no se reunió, y aquellos miembros del Congreso favorables a LBJ mantuvieron un prudente silencio.

[20] Haley. pp. 107-8. El entrecomillado de la palabra "economista" es del propio Haley.

[21] <http://home.earthlink.net/~sixthfloor/estes.htm>. Las declaraciones de Estes respecto de LBJ y del asesinato de Marshall fueron publicadas a ocho columnas en el *Dallas Morning News*, del 23 de marzo de 1984, y son citadas por Sample y Collom, pp. 112-13.

[22] http://home.earthlink.net/~sixthfloor/estes.htm>. Douglas Caddy habla de esto en una entrevista en <www.spartacus.schoolnet.co.uk/jfkcaddyD.hatm>.

[23] Al leer la carta ahora, resulta obvio que el Departamento de Justicia no podía llegar a ningún lado ante el alud de "confesiones", y es difícil creer que el abogado de Estes no se diera cuenta de ello. Al parecer, Estes sólo habló de esto en dos ocasiones, y una de ellas fue en la entrevista que le hiciera la revista francesa *VSD*. Yo envié un correo electrónico a esa revista solicitándoles copia de ese artículo, pero me contestaron que ellos no conservaban copias de materiales tan antiguos.

Sin embargo, encontré una reseña de esa entrevista en <http://www. infowar.com/iwftp/cloaks/99/CD-1999-88.txt>. Éste es el texto que se encuentra en ese sitio:

Lunes 26 de abril de 1999 18;58:59+0200

La siguiente es solamente una sinopsis del artículo aparecido en VSD, pero será suficiente para dar a nuestros lectores la información básica que se maneja en el artículo.

Billie Sol Estes afirma que el asesinato de JKF fue planeado por Cliff Carter, un asistente de LBJ, y por el propio Johnson. Un cercano colaborador, de nombre Malcom, "Mac" E. Wallace fue designado para ocuparse de los aspectos prácticos del trabajo. Anteriormente, Wallace había matado a sangre fría a un amigo de la hermana de Lyndon, crimen del que fue encontrado culpable y sentenciado a cinco años de prisión; ¡sentencia que fue suspendida! Su abogado en ese proceso, John Cofer, también era gente de Lyndon. En 1963, Wallace reclutó a Jack Ruby y a Lee Harvey Oswald. Wallace fue uno de los asesinos que dispararon sobre JFK. Cuando se le pidió que probara lo dicho, él respondió que tenía el mejor seguro de vida posible: "Yo grabé todas mis conversaciones con Wallace, Carter y Johnson". Afirma que también posee grabaciones de sus conversaciones con Cliff Carter, en las que se habla de la muerte de JFK. Algunas fueron grabadas en septiembre de 1963, antes del crimen, y otras lo fueron después.

Cuando se le preguntó si tenía cintas en las que el propio Johnson hablara del asesianto de JFK, él respondió: "Sí, las tengo". Él dice algo como " Ahora sí daremos buena cuenta de ese cabrón irlandés". Estes dice que Johnson nunca entraba en detalles, de eso se ocupaban Carter y él mismo. Entonces se le preguntó por qué no hacía públicas estas grabacioones, a lo que él respondió que le gustaría hacerlo, pero que necesitaba alguna clase de seguridades para él y su familia. Después de decirle lo mucho que le interesaban esas cintas al USGVT, etcétera; él termina diciendo: "Yo tengo la solución del enigma de la muerte de Kennedy. Un día la verdad saldrá a la luz".

El artículo continúa, ahora con las "pruebas" de que "Mac" Wallace fue uno de los tiradores, aduciendo que una huella digital suya fue encontrada en un archivero del sexto piso del edificio del depósito de libros, donde se dice que se realizaron los disparos. Malcom Wallace murió en extrañas circunstancias en 1971; al parecer en un accidente automovilístico. Su auto circulaba a gran velocidad y sin causa aparente salió del camino y se impactó en un poste eléctrico. El artículo consta de ocho páginas y está profusamente ilustrado.

A raíz de este artículo se publicó en Francia el libro *Le dernier Temoin* (*El último testigo*), en el cual Estes es entrevistado extensamente por otro periodista francés. Yo tengo ese volumen, pero mi francés no es tan bueno como para leerlo y al parecer no existe traducción al inglés.

Una buena síntesis del material existente respecto de la historia Wallace-Estes es la elaborada por Larry Hancock, que aparece en <http://educationforum.ipbhost.com/indexphp?showtopic=2321>.

[24] En 2002, el libro de Haley estaba disponible en <http://www.assassinationweb.com/eb3.htm>. Si ahí ya no se encuentra, se podría intentar en The Last Hurrah Book Shop, en <http://members.aol./jfkhurrah/>, o en <www.abebooks.com/>.

[25] Estas citas son de <http://users.crocker.com/~acacia/meeting.hatml>. Ella murió

el 23 de junio de 2002. Yo he leído su libro, aunque no se encuentra en las bibliotecas inglesas. Si la cita es verdadera, se puede interpretar que Johnson se proponía eliminar también al senador Yarborough, quien en esos tiempos sostenía una lucha política con el gobernador John Connally, aliado de Johnson, por el control del Partido Demócrata en Texas. De hecho, esta lucha fue una de las razones por las que Kennedy fue a Texas. Yarborough era visto por LBJ como un "hombre de Kennedy", y JFK fue a Dallas para mediar en el conflicto político. Si consideramos esto como cierto, adquieren un nuevo significado las palabras del gobernador Connally al ser tocado por una bala: "¡Ellos nos van a matar a todos!" ¿Acaso Yarborough debía haber ocupado el sitio de Connally en la limusina?... Algunos reportes indican que realmente hubieron cambios de último minuto respecto de los lugares designados.

[26] Ver <http://educationforum.phost.com/lofiversion/index.php/t565.html>

[27] Sample y Collom, p. 92. Es una curiosidad histórica el hecho de que Wallace era sobrino del que fuera vicepresidente de Roosevelt, Henry Wallace.

[28] Sample y Collom, p. 152.

[29] <http://63.74.13.36./postp197887.html>

[30] "Las últimas confesiones de E. Howard Hunt" <www.rolingstone.com/politics/story/1389314/the_last_confesions_of_e_howard_hunt/8>.

[31] Los comentarios críticos, de 1996, de Martin Shackelford acerca de este libro se encuentran en <http://www.acorn.net/jfkplace/03/ms/6th-men.html>. Pero tanto Shackelford como Frewin (nota 10) no se dieron cuenta de la importancia de la identificación de Wallace.

[32] El desarrollo más importante de este tema se encuentra en el libro de Robert Groden *The Search of Lee Harvey Oswald* (*La búsqueda de Lee Harvey Oswald*), (Londres, Bloomsbury 1995, pp. 247-249). Groden incluye algunas fotografías que yo no había visto, y que son mucho más claras que las que aparecen en otros libros.

[33] É<ste es el único libro del caso que yo leí en los sesenta, y todo lo que recuerdo de él es que hace un minucioso recuento de los millones de Johnson.

6.

Más allá de la historia policiaca

Oswald..., ¿cuál Oswald?

En el capítulo anterior estuve dando saltos entre las obvias dificultades que se plantean en la historia de Factor. Además de mencionar a Wallace y a una joven hispana, Factor señala a Oswald y a Jack Ruby como partícipes del equipo ejecutor de la conspiración; aunque Oswald como simple gatillero y Ruby como parte del grupo organizador. Considerando el evidente papel que jugó Ruby en los acontecimientos de aquel día, es plausible que él hubiera sido parte de un grupo conspiratorio..., ¿pero, Oswald?

Cuando Sample y Collom entrevistaron a Factor ellos sabían tan poco del caso Kennedy que al parecer no estaban enterados de que la supuesta intervención de Oswald había sido refutada tanto por los "fans" como por los estudiosos del caso Kennedy desde hacía ya 25 años, por lo que no se les ocurrió presionar a Factor para que aclarase el punto de su historia en el que afirma que Oswald estuvo con él en el sexto piso del depósito de libros. De entrada, el propio Oswald negó haber disparado, y la experiencia fáctica confirma su palabra, incluyendo las pruebas de estrés que se hicieron de su voz a partir de las cintas que se grabaron durante su custodia, cuyos resultados indican que él estaba diciendo la verdad.[1]

La historia de Factor es básicamente incongruente y muy poco fiable;[2] podría ser por completo descartada si no fuera por la identificación que él hace de un hombre llamado "Wallace" ante Mark Collom, en 1971. Es posible que Factor simplemente hubiera agregado los nombres de Oswald y Ruby a su historia porque eran precisamente los que más repetían los medios de comunicación. Pero, antes que nada, tendríamos que considerar prematura la pregunta: ¿estuvo Oswald en el sexto piso?, que es lo que afirma Factor, o antes tendríamos que responder a la pregunta: ¿cuál Oswald?

Anque, en principio, esto parece más bien descabellado, al parecer hubo más de un Oswald en este asunto. Existe un libro dedicado al tema específico de Oswald, y es el de Robert Groden, *The Search for Lee Harvey Oswald* (*La búsqueda de Lee Harvey Oswald*), (Londres, Bloomsburry, 1999), en el cual se presentan todas las fotografías de él, apareciendo en la portada una especie de *collage* de acercamientos al rostro de Oswald, 19 en total, en los que, para cualquiera que los mire con atención pareciera que se trata de de dos personas distintas, son hombres similares, pero no idénticos. Además, en los archivos oficiales que se tienen de Oswald existen diferencias de peso, medidas, e incluso cicatrices de identificación.[3]

Por otro lado, la biografía de Oswald es igualmente ambivalente y misteriosa. Por todo ello, una de las ideas más antiguas y socorridas de los investigadores ha sido la de un "segundo Oswald". Los primeros críticos del reporte de la Comisión Warren señalaron que en 1963 Oswald parecía estar en más de un lugar en diferentes tiempos; siempre hay un segundo Oswald merodeando por otros lados y llamando la atención hacia sí mismo como un agitador de extrema derecha, enemigo acérrimo de Castro.[4] Tal parece que este Oswald de ficción hubiera nacido de las teorías elaboradas por los primeros analistas del reporte Warren, y ellos explican esta suerte de mascarada como una estrategia de encubrimiento del Oswald real. El profesor Richard Popkin sostiene esta teoría en su libro *The Second Oswald* (*El segundo Oswald*), (Londres, André Deutsch/Sphere, 1967). Una década después de Popkin, el escritor inglés Michael Eddowes publicó *The Oswald File* (*El expediente Oswald*), (Nueva York, Clarkson Potter, 1977). Eddowes afirma que en realidad son dos personas las que aparecen en las fotografías; además de que él nota, igual que otros autores, que en los archivos oficiales aparecen varios expedientes con el mismo nombre, pero con diferentes descripciones físicas. La tesis de Eddowes es que uno de ellos, el americano, el que había sido *marine*, es el que fue a la Unión Soviética; pero fue el otro Oswald el que regresó, y éste era nada menos que un agente soviético que finalmente fue el que disparó sobre el presidente.

En otro libro, *Alias Oswald* (Manchester, Maine, G&G Partners, 1985), Robert Cuter y W. R. Morris argumentan que el "segundo Oswald" no era un espía soviético, sino un espía americano cuyo probable nombre era Alec (AJ) Hiddell que era uno de los "alias" que había utilizado Oswald. En opinión de estos autores, el cambio de un Oswald por otro se realizó en 1958, mientras el primer Oswald servía en el cuerpo de *marines* en Japón.

> En servicio como operador de radar, él es retirado para remplazarlo de inmediato por otro sujeto muy parecido, entrenado por la CIA para realizar una operación de espionaje en Moscú. El nombre de Oswald, su carnet de identidad, sus expedientes civiles y militares, son transferidos al espía.[5]

Los libros de Cutler-Morris y Eddowes son lecturas difíciles, son textos detallados e intrincados con secuencias muy largas y silogismos complicados, del tipo si X, entonces Y... y por tanto Z; la trama es extremadamente difícil de seguir y tienen muy poco valor documental para los investigadores; se trata de libros que podríamos tomar como entretenimiento, pero también como apertitivos para poder digerir el plato fuerte, que es la nueva versión de la tesis de los "dos Oswald", elaborada por John Armstrong. Durante años, los textos de Armstrong fueron seguidos con interés por los "fans" del caso Kennedy, quienes hablaban de ellos como "la investigación Armstrong", misma que era difundida por medio de conferencias, artículos ocasionales o insertos en la Red. Finalmente, en 2003, apareció su libro: *Harvey and Lee: How the CIA Framed Oswald* (*Harvey y Lee: Cómo la CIA disfrazó a Oswald*).[6]

Éste es el resultado de un impresionante proceso de búsqueda: doce años y mucho dinero invertido en ello. Armstrong entrevistó a personas que no habían sido vueltas a entrevistar desde los tiempos de la Comisión Warren. Él se metió en áreas de los archivos nacionales en donde nadie había penetrado y leyó archivos oficiales que no habían sido tocados por manos civiles. Él abrió muchos territorios nuevos y también dividió la historia general en pequeñas subsecciones. Armstrong es un extraordinario detective, pero un pésimo escritor; el texto es demasiado largo y está lleno de errores francamente estúpidos; la tipografía es peor que excéntrica, pasa constantemente de las itálicas a las negritas y los subrayados. Podría ser un tomo legible si tuviera entre 400 y 500 páginas; pero esa intención queda enterrada en un monstruo de 1200 páginas. El libro de Armstrong ejemplifica muy claramente los riesgos de la publicación por cuenta propia. De cualquier manera, reitero mi opinión de que Armstrong es un estupendo detective, y a través de un alud de información valida él refuerza la tesis de Cutler y Morris; es decir, la CIA realizó un cambio de persona; auque él lo expresa de una menera más sutil, y mucho más elaborada. He aquí una sinopsis de la tesis de Armstrong, tomada de una de sus conferencias:

> A principios de los años cincuenta, estaba en proceso una operación de Inteligencia que involucraba a dos muchachos adolescentes; uno era Lee Oswald, de Forth Worth, y el otro era un muchacho de lengua rusa a quien se le dio el nombre de Harvey Oswald, y que era originario de Nueva York. Al comenzar el programa, en 1952, ambos vivían de forma paralela, pero vidas separadas; aunque a veces en la misma ciudad. El objetivo final era cambiar identidades y enviar a Harvey Oswald a Rusia, que fue exactamente lo que pasó siete años depués.
>
> Lee y Harvey asistieron a diferentes escuelas, trabajaron en diferenes compañías y vivieron en diferentes ciudades. Cuando la Comisión Warren juntó las piezas para definir la personalidad y las acciones de "Lee Harvey Oswald", lo que obtuvieron fue un conjunto de datos que ubicaban a Oswald en dos lugares al mismo tiempo y haciendo cosas distintas. Incapaces de explicar esta

> situación, ellos optaron por negar esa dualidad, simplificando al máximo la figura y la actuación de Oswald en su reporte. Esta evidencia es la clave para coprender las vidas de Harvey y de Lee Oswald.[7]

Armstrong se impuso a sí mismo la tarea de identificar y separar las vidas de Harvey y Lee. Ésta es una idea "fantástica", aunque lo es en un sentido dual: Desde el punto de vista, digamos, académico, la idea es fantástica por ser una fantasía, propia de una imaginación desbordada y casi enloquecida. Ésta sería la interpretación de aquellos que están al margen de la investigación del caso Kennedy; pero, en el mundo de los "fans" de JFK, la idea es fabulosa en el sentido de excelsa, estupenda, nimbada por esos tonos de elegancia y sofisticación que debe tener toda teoría cosnpiratoria. Independientemente de la verdad o falsedad, en el mundo de los "fans", una idea puede ser buena por ser emocionante.

Ahora bien, para tomar esta histora por el mango y poderla manejar correctamente, tenemos que empezar por contextualizarla, y para ello nos remontaremos a los primeros años de la década de los cincuenta, que fueron los años más fríos de la llamada "Guerra Fría". En aquellos tiempos los Estados Unidos en realidad tenían poca información de lo que pasaba en la Unión Soviética (esto era antes del U-2, de los sobrevuelos de espionaje y de los satélites). Todo era un misterio: los misiles soviéticos, las armas nucleares, incluso las condiciones de la economía soviética. Los agentes que eran enviados allá por parte de la CIA y del M-16 en los primeros años de la Guerra Fría, principalmente anticomunistas emigrados, eran reconocidos y deportados, o bien hechos prisioneros. Los acuerdos diplomáticos con el bloque soviético estaban muy constreñidos; todos los visitantes occidentales eran seguidos y monitoreados, además de que grandes áreas del territorio soviético simplemente estaban vetadas para los extranjeros, cualquiera que fuese su condición. En esos tiempos, el término "cortina de hierro" parecía menos una metáfora y más una realidad, y esta realidad presentaba serias dificultades para los servicios de inteligencia occidentales. ¿Cómo podían plantar agentes allá?; la única manera era hacerlos pasar por auténticos traidores a su patria y desertores de ella.[8]

Durante los últimos veinte años se han venido conociendo fragmentos de un programa de la CIA que tenía como objetivo el envío de aparentes desertores a la URSS.[9] Armstrong da informes de algunos casos de este tipo. Aunque no se tiene ninguna evidencia positiva de los resultados de esta operación, y tampoco si se lograba obtener alguna información útil. Es posible que esta estrategia hubiera resultado fallida.[10]

Armstrong opina que el programa era mediocre y se hicieron intentos para lograr un tipo de deserción más creíble; y en eso fundamenta su teoría de las dos identidades que funcionaban en paralelo, de manera que en cualquier momento pudieran fusionarse virtualmente —Lee y Harvey se convertían en Lee Harvey—, o bien intercambiarse justo en el momento en que uno de ellos desertaba y se pasaba al bando soviético. Así fue como llegó a la Unión Soviética un desertor llamado Harvey, quien tenía dos características importantes: una era el ser desconocido para las autoridades soviéticas, aunque hablaba el ruso con fluidez, y, dos, cuando los servicios de Inteligencia investigaran acerca de aquel desertor, se encontrarían con la vida real de "Lee Oswald" y no con un personaje de ficción creado por la Inteligencia americana. Tal vez esto nos pudiera parecer demasiado retorcido; pero Armstrong recuerda al lector los casos reales en los que la Inteligencia Soviética utilizó dobles que estaban en Inglaterra como refugiados, poniendo el ejemplo de Molody, quien operó mucho tiempo en el Reino Unido con el nombre de "Gordon Lonsdale".

Este programa de hipóstasis de personalidades de la CIA implicaba que ambos muchachos estuvieran en el cuerpo de *marines* al mismo tiempo. Armstrong presenta reportes y datos específicos en los que aparece "Oswald" en dos lugares al mismo tiempo durante la escuela secundaria y en el entrenamiento de los *marines*. Esta teoría de la dualidad explica la información contradictoria que se tiene de Oswald en los Marines. En un reporte dice que era un buen tirador y en otro se le define como mediocre; en uno dice que tenía tendencias marxistas y leía en ruso, y en el otro que no gustaba de leer; un reporte lo señala como brabucón y juerguista, y el otro como "ratón de biblioteca". Comparando el Oswald tranquilo y racional que hablaba por la radio en Nueva Orleans y hacía la distinción entre un marxista y un fanático de la Unión Soviética, con el que vociferaba contra Castro y decía que era capaz de matarlo, pareciera que realmente estamos observando dos personalidades diferentes. Así las cosas, la teoría de Armstrong de los "dos Oswald", parece adquirir sentido.[11]

Hay que decir que no existe evidencia contundente, ya sea documental o de primera mano, de que tal cosa realmente ocurrió; lo que hace Armstrong es un trabajo de inferencias, a partir de una exahustiva investigación del contexto en el que supuestamente ocurrió la puesta en escena de los "dos Oswald", con lo que logra el mejor trabajo detectivesco en el terreno del espionaje que yo he leído.[12]

EN EL INFRAMUNDO ANTICASTRO DE LA CIA

En la historia de Armstrong, después de que Harvey desertó, adoptando la identidad de "Lee", el propio Lee Oswald permaneció en los Estados Unidos, dedicado al entrenamiento militar y al trabajo político en los grupos anticastristas manejados por la CIA.

Armstrong rastrea a Lee, analizando todos los reportes que puede encontrar de "Lee Harvey Oswald" que, en su mayor parte, no concuerdan con la biografía oficial construida por la Comisión Warren; se trata de datos que parecen anómalos desde la perspectiva oficial y que fueron obtenidos por la policía y el FBI. Así es como Armstrong va siguiendo las actividades del anticastrista Lee Oswald, en lo que pareciera un operativo para encubrir a Harvey Oswald, siguiéndolo hasta la reunión nocturna en un café con Jack Ruby, el 21 de noviembre de 1963, y de ahí al depósito de libros; y es aquí donde Armstrong llega al clímax de su capacidad detectivesca, logrando un descubrimiento en verdad original: ¡Dos Oswald en el depósito de libros...! Uno de ellos, Lee, estuvo en el sexto piso en compañía de otro hombre, ayudando a encubrir a Harvey, quien trabajaba allí. (Armstrong no dice que Lee hubiera disparado desde el sexto piso, pero se comprende que sólo pudo haber sido él, o el otro hombre.)

En algunos puntos tiene cierta lógica, pero en otros no. Para reconstruir la biografía de Lee, y particularmente para dilucidar los eventos en torno al asesinato, Armstrong confía mucho en los testigos presenciales, y, en general, esta clase de testigos no son muy confiables. Sin embargo, él recoge los testimonios de muchos, y todos dicen lo mismo; ¿podrían todos estar equivocados?[13]

LBJ Y HOOVER

Quienes primero hicieron la propuesta del "asesino solitario" en Washington fueron el presidente Johnson y aquellos miembros del FBI que eran cercanos a él.[14] Jonhson previno a los miembros del Congreso de que no hicieran caso de "habladurías" e hizo lo posible para evitar que la policía de Texas siguiera investigando sobre un caso ya resuelto (ver capítulo 2). El FBI tenía el control de la investigación y concentró toda la información obtenida por la policía de Dallas, con lo que hizo un gran paquete, voló a Washington y ahí realizó todo el trabajo de "edición": ocultando, alterando o fabricando cientos de datos, de manera que la evidencia fuese concordante con el veredicto predeterminado del "asesino solitario".

No sabemos el motivo específico que llevó a Hoover a hacer esto —si es que tuvo alguno—; sólo podríamos imaginar que en el FBI se tenía una sensación generalizada de fascinación y vergüenza por no haber previsto el atentado; pero no podríamos saber si Hoover en particular, o la institución en general, podrían haber pensado en un complot organizado por el propio vicepresidente.[15] En su libro *Act of Treason* (*Acto de traición*), (Nueva York, Carroll y Graf, 1991), Mark North afirma que en 1962 Hoover fue advertido de la existencia de un complot para asesinar al presidente, organizado por el jefe mafioso Carlos Marcello; pero él no hizo nada.[16] Sin embargo, si bien es cierto que por lo menos dos reportes de movimientos conspiratorios de la mafia se hicieron a agentes del FBI, eso no significa que Hoover se hubiera enterado, o tuviera alguna participación en esos movimientos.[17] En el libro de North se habla de los vínculos que tenía JFK con la mafia, pero no se da evidencia alguna en el sentido de que Hoover pudiera tener conocimiento del supuesto complot, simplemente se presentan sobrentendidos del tipo, "como X lo sabía, entonces Hoover tenía que haberse enterado".

¿Informó LBJ a Hoover acerca del complot?... ¿Tenía él la necesidad de controlar al FBI para proceder?... No lo sabemos.

Para Tony Frewin, con quien he analizado el caso Kennedy desde hace veinte años, no es creíble que una pequeña banda de matones de Texas hubiese podido hacer algo de esa magnitud sin que algún gran poder le limpiara el camino.[18] Yo no estoy seguro de eso; tal vez el grupo de Johnson planeó el asunto completo, es decir, tanto el crimen como la resolución: un Oswald muerto lo resolvía todo. ¿Podría haber mucha intervención de los agentes federales en un caso tan claro? ¿Acaso Johnson había calculado el hecho de que, ya como presidente, podría manejar fácilmente a Hoover, quien, por otro lado, se sentiría aliviado ante el ocaso de los Kennedy?

LBJ y Hoover habían sido aliados desde muchos años atrás. Hoover había usado al FBI para examinar empleados en la estación de radio de LBJ; ellos habían sido vecinos en Washington durante 19 años y de vez en cuando salían juntos a pasear a sus perros.[19] Johnson había "cabildeado" a favor de Hoover al final de la administración de Eisenhower, cuando se pretendía que se retirara del cargo, lo que no hizo.[20] Ellos incluso tenían amigos en común, en especial al magnate petrolero texano Clint Murchinson. Algunas cartas intercambiadas entre Hoover y LBJ —reproducidas por Mark North en *Acto de traición*, pp. 352-353, y en el apéndice A— muestran el trato amigable que se prodigaban uno a otro; además de que tenían algo en común: ambos detestaban a los hermanos Kennedy. Si la muerte de Kennedy significaba para Lyndon Johnson la salvación de la cárcel, para Hoover era tanto como la prolongación de su carrera, considerando que Kennedy había hecho ya varios novimientos para librarse de él, y seguramente lo intentaría seriamente en caso de que

John fuese reelegido en 1964; el que lo hubieran logrado o no queda en entrredicho, pues Hoover poseía mucha información de las actividades sexuales de John, que databan desde los años cuarenta, con lo que podía defenderse.

Nuestro conocimiento acerca de las actividades de encubrimiento realizadas por el FBI a partir de los disparos en Dallas se amplió en gran medida por la exahustiva búsqueda que hizo Armstrong en los archivos nacionales. Él fue capaz de documentar al detalle la manera como el FBI "editó" la información que tenía. Armstrong cree que el material que se encontraba en posesión del FBI fue maquillado por ellos con el proposito de ocultar la existencia de los dos Oswald; tal vez eso sea verdad, pero existen otras dos posibles explicaciones de esta conducta. La primera es que el FBI pudo haber borrado el material "anómalo" porque tales anomalías distorsionaban la historia que ellos debían apoyar, que era la conveniente para propiciar la estabilidad política. La segunda explicación es que el FBI pudo haber editado el material para no poner todas las cartas sobre la mesa y mantener elementos ocultos para ulteriores investigaciones, como se hace profesionalmente en la investigación judicial.

La tesis básica de Armstrong aparece en un artículo en dos partes publicado por la desaparecida revista *Probe,* de septiembre-octubre y noviembre-diciembre de 1977; consta de 22 páginas, lo que se encuentra en el rango de las 15 000 palabras. Una copia de este ensayo, y una transcripción de una conferencia de Armstrong sobre este tema se encuentran en Internet;[21] pero a continuación presentamos una probada de ello.

> El quinto hombre en importancia en el FBI, William Sullivan, dijo: Hoover no quería que llegara a existir la Comisión Warren. Él mostraba un marcado interés en limitar la percepción que ellos tenían de los hechos, y tenía la intención de realizar acciones que pudieran neutralizar aquella investigación. Si aparecían documentos que él no quería que se hiciesen públicos, entonces simplemente habría que destruirlos, y así nunca se sabría la verdad. Todos los reportes del FBI eran enviados a las oficinas centrales de Washington, para ser analizados antes de ser puestos a disposición de la Comisión Warren. Cualquier testimonio que pudiera contrastar con las directivas impuestas por el FBI, o asociado con alguna forma de conspiración, era trabajado de alguna de las

siguientes maneras: 1) suprimido; 2) ignorado; 3) fabricado; 4) alterado o, 5) destruido.

Los testimonios suprimidos incluian aquellos que no se habían hecho públicos y que eran conocidos por la Comisión Warren; por ejemplo, aquel reporte del FBI concerniente a una mujer que había conocido al padre y a un tío de Oswald en Nueva York; o aquellos reportes que situaban a Oswald en dos lugares al mismo tiempo, como aquel en el que se le vio el mismo día en Dakota del Norte y en Nueva York; o cuando se encontraba al mismo tiempo en Japón y en Estados Unidos, o en Rusia y en E.U.; o en Nueva Orleans y en Dallas..., todo al mismo tiempo. La página treinta de la declaración de Laurel Kitell, en la que aludía a dos Oswald, fue suprimida. Numerosos reportes del FBI de los que se desprende que fue un segundo Oswald quien realizó el asesinato, y las declaraciones de personas que habían visto juntos a Ruby y a Oswald, también se suprimieron.

Entre los testimonios que fueron ignorados se encuentran las declaraciones de Palmer McBride y Walter Gehrke, quienes vieron juntos a Oswald y a Ruby, además de otros que vieron a Oswald manejando un auto. Se ignoró también el testimonio del doctor Milton Kurian, quien trató a (Harvey) Oswald de un precario estado de salud asociado a la desnutrición. Allen Felde dijo a agentes del FBI que él había estado con (Harvey) Oswald en Menfis cuando se suponía que (Lee) Oswald estaba en Japón. El FBI ignoró lo dicho por Felde y no entrevistó a otros *marines* acantonados en Menfis para determinar si Oswal había estado en Menfis, en Japón, o en ambos sitios al mismo tiempo. El FBI entrevistó a veintiocho *marines* que habían conocido al Oswald que hablaba ruso (Harvey) en Santa Ana, California, en 1959; pero ellos ignoraban la existencia del otro Oswald (Lee) que se encontraba en el cuerpo de *marines* en la base aérea de El Toro, también en California, y en la misma época. Los agentes comenzaron a mostrarse suspicaces y a comentar lo extraño de aquellas indagaciones, pues no les era permitido seguir las pistas hasta sus últimas consecuencias, lo que sugería que alguien estaba controlando las investigaciones, manipulando los descubrimientos e implantando nueva información, tanto en la práctica como en los reportes que emitía el FBI.

Ray Canney dijo a los agentes que él se había encontrado con Oswald en cinco ocasiones en el aeropuerto de Garland, Texas, en mayo de 1961. Los agentes informaron a Canney que Oswald estaba en Rusia en esa época y por lo tanto tenía que estar equivocado... El dueño de una peluquería, llamado Cliff Shasteen, declaró ante la Comisión Warren que él le había cortado el pelo a Oswald el verano anterior, y que éste manejaba un auto que pertenecía a Ruth Paine. El agente del FBI, Bordell Odom dijo a Shasteen que su declaración contradecía otra información que ellos tenían, y Shasteen le respondió: "No me importa lo que pudiera contradecir, lo que yo digo es la verdad y no tengo que reflexionar al respecto"... Cuando Palmer McBride dijo a unos agentes de Inteligencia de la Fuerza Aérea y del FBI que él había trabajado con Oswald entre 1957 y 1958, en Nueva Orleans, eso contradecía la información de que en esos tiempos Oswald se encontraba en servicio en Japón. Para evadir esta contradicción, la Comisión Warren no entrevistó a McBride; en vez de ello entrevistó a su amigo William Wulf.

Y así por el estilo..., una incongruencia tras otra en las declaraciones de los testigos y los documentos en los que se identifica a dos Oswald desde su niñez, en un alud de referencias que, de ser ciertas, resuelven casi todas las dificultades que se plantean al principio del presente capítulo. Sin duda ésta es una buena hipótesis, pues resuelve una amplia gama de incógnitas.

La tesis de Armstrong apoya la hipótesis de la responsabilidad de LBJ, haciendo inteligible la historia de Loy Factor y de su "Oswald" saliendo del depósito de libros, mientras que en otros informes se dice haberlo encontrado en la planta baja del edificio: se trata de diferentes "Oswald".[22]

EL PAPEL DEL SERVICIO SECRETO

Cualquiera que ponga atención en las acciones del Servicio Secreto aquel día en Dallas, se preguntará si realmente pusieron mucho empeño en su trabajo. L. Fletcher Pruty, quien estuvo al cargo de la seguridad presidencial en los cincuenta, considerando las acciones del Servicio Secreto de Seguridad, se pregunta si realmente estuvieron presentes en el lugar... ¿Por qué no había guardias armados en los techos de los edificios? ¿Por qué no los habían evacuado a lo largo de la ruta? ¿Por qué se detuvo la limusina presidencial cuando se sintió el primer disparo, cuando lo correcto hubiera sido acelerar?[23] Yo no tengo respuestas para esas preguntas; pero, por alguna razón, que parece algo inconsciente en mí y que no podría articular, yo no puedo creer que el Servicio Secreto hubiera sido corrompido y fuese parte de la conspiración. Sin embargo, un investigador americano llamado Vincent Palamara ha pasado muchos años indagando acerca de este tema y realizó entrevistas entre el personal del Servicio Secreto de aquellos tiempos, encontrándose con una curiosa animadversión de algunos agentes en contra de JFK. Los más conservadores y religiosos de entre ellos manifestaban un rechazo total a su promiscuidad sexual y consideraban que él estaba pervirtiendo la presidencia, lo que seguramente coincidía con el punto de vista de Edgar Hoover. Ciertamente Palamara no logra probar que algunos agentes del Servicio Secreto hubieran sido parte de la conspiración, pero hace que esa idea sea menos increíble.[24]

¿DOS OSWALD...?, ¿Y DOS JFK...?

En el capítulo 4 he comentado el extraño e irresuelto enigma de las diferencias en la descripción de las heridas de Kennedy que hicieron, por un lado, los médicos de emergencias del hospital Parkland, y por otro los que practicaron la autopsia. Ésa es el área más cenagosa en el de por sí resbaladizo terreno de la evidencia médica-forense.[25] El problema puede ser entendido con un solo golpe de vista si uno abre el servidor Google, pica en "imágenes" y después escribe: "fotos de la autopsia de JFK". En las primeras páginas se presenta una fotografía en color que muestra la parte posterior de la cabeza de Kennedy como una masa de sangre y materia cerebral, pero intacta en el área de la sien derecha, y además se nos muestra otra fotografía en blanco y negro en la que aparece la misma área de la cabeza, antes terriblemente dañada, ahora sin el menor rasguño; pero en esta imagen el gran agujero se encuentra en el lado derecho de su cabeza.

Esta tremenda incongruencia sólo puede resolverse de dos maneras: una de las fotografías está trucada..., o fueron tomadas en dos cuerpos diferentes. Esta propuesta lógica, perfecta en su simpleza, es expuesta por Robert Mornigstar en *The Ultimate Secret of the Assassination* (*El secreto esencial del asesianto*).[26] Morningstar no es un escritor, su prosa es infame y no se molesta en argumentar lo que dice. Él es un personaje excéntrico. En su introducción nos dice que en 1997 fue elegido "*Dirigente* (*sic*) de la Orden de los Ancestrales Druidas de Inglaterra", y comienza diciendo lo siguiente:

> Durante 35 años, el mundo se ha venido preguntando acerca de las circunstancias que rodearon el asesinato de John F. Kennedy. Los hechos de este caso yacen en un lóbrego y tenebroso lodazal; como un cadáver sumergido en la ciénega que espera su resurrección, o revitalización.
>
> Habiendo sido testigo de esos históricos eventos, durante treinta y cinco años yo me he dedicado a recolectar los hechos concernientes a este singular momento de nuestra tétrica historia, en espera de que algún día la verdad emerja a la luz. Yo hice esto solamente por una razón y por una persona. La búsqueda me llevó a través de océanos y continentes, hasta tocar incluso los linderos de Camelot. Yo he descendido al inframundo. Yo he coexistido con los muertos. Yo he extraído la espada de la piedra para redimir el alma y restaurar el cuerpo de un rey celta y devolverlo al lugar que le corresponde. La travesía ha sido en extremo peligrosa, pero la recompensa es que algún día podamos salir de la oscuridad y entrar en el territorio de

la luz. ¡Precaución! Ésta es una historia de horror americano.

Haciendo a un lado toda esta parafernalia, podemos darnos cuenta de que en el fondo Morningstar hace algo digno de asombro: pensando, igual que muchos otros, en el misterio de los distintos dictámenes de las heridas de Kennedy, él hizo un curioso descubrimiento: el mismo día en que Kennedy fue asesinado, también fue baleado un policía de Texas llamado J. D. Tippit (según algunos reportes policíacos también había sido obra de Oswald); pero resulta que el policía muerto era lo suficientemente parecido al Presidente como para que algunos de sus compañeros lo llamaran de broma "JFK".

Morningstar muestra fotografías del agente Tippit, y en realidad existe un sorprendente parecido. También señala que sus heridas son similares a las que describieron los cirujanos que hicieron la autopsia de Kennedy, y muestra fotografías que demuestran esto. Después se enfrasca en una larga disquisición acerca de huesos, caras, marcas, formas..., y muestra más fotografías. Yo pude seguir algunos razonamientos técnicos y otros no (en la evidencia médica del caso es necesario tener conocimientos de anatomía para comprender las descripciones).

Finalmente, Morningstar llega a una tajante conclusión: La "autopsia de JFK" se hizo en el cadáver de Tippit, no en el de Kennedy. Si esto es así, entonces las fotografías contrastantes que aparecen en Google en realidad son de dos personas: la del hospital, en color, es la auténtica del presidente Kennedy, y la de la autopsia, en blanco y negro, es la de Tippit. Según Morningstar, los restos que descansan en el cementerio de Arlington son los de Tippit, y no los de Kennedy. Este escenario parece bastante sólido en una primera instancia; pero, bien visto, presenta tantas dificultades como la teoría de la alteración de cadáveres expresada por David Lifton en *La mejor evidencia*. Asumiendo, como hace Morningstar, que el cambio de cuerpos fue deliberado, ¿quién lo hizo? ¿Quién ordenó que se hiciera? ¿Cuándo se tomó esa decisión? Es sabido que se hicieron dos autopsias, aunque se sabe muy poco de la segunda.[27]

Si descartamos la tesis de la alteración de cadáveres de Lifton, entonces la hipótesis de Morningstar es la única que nos podría explicar las diferencias entre los médicos de Parkland y los de la autopsia. Además, hasta donde yo sé, ningún experto forense se ha dignado a hacer un comentario acerca de la tesis de Morningstar.

CONCLUSIÓN, O ¿QUÉ PASA CON LOS HISTORIADORES?

Una visión somera de los estudios académicos que se produjeron en los Estados Unidos durante los sesenta nos muestra con toda claridad que los historiadores evadieron involucrarse en el análisis del asesinato de Kennedy (y también en los de Robert Kennedy y Martin L. King), o simplemente se adhirieron a los veredictos oficiales sin comentarios, como si estos no representaran un problema social. Esto no debiera causarnos mayor sorpresa, pues en los años sesenta era prácticamente imposible ajustar la realidad de los asesinatos a los esquemas académicos tradicionales, cuya visión era plural, pero siempre dentro de la seguridad y la prudencia. Así que los historiadores americanos simplemente han aceptado el acuerdo tácito de concederse entre ellos la dispensa de ocuparse de un tema tan escabroso. Lo siguiente es un extracto de un largo ensayo acerca de este tema que escribió David Mantik.

> Considerando que este asesinato es un evento de gran importancia en el siglo XX, y bien pudiera representar un parteaguas en la historia de los Estados Unidos, incumbe a los historiadores el dilucidar y explicar este evento,

al igual que los demás que constituyen su entorno. Sin embargo, hasta nuestros días ha reinado el silencio en estos asuntos, como si los historiadores hubieran optado por aprovechar lo cosechado por la Comisión Warren en vez de cultivar sus propios campos.

Es posible, y comprensible, que muchos historiadores académicos quieran mantenerse alejados de las estridencias creadas por los medios masivos. Pero el hecho real es que un tema tan intrincado y controvertido simplemente los asusta; sienten el miedo legítimo de que pudiera ponerse en riesgo su prestigio profesional, pero también experimentan de el temor aquello que pudiera emerger del profundo subsuelo de este caso y que pudiera alterar los ejes sobre los que gira su interpretación de la Historia. Dada la índole especial y única de estos eventos, incluso este miedo es comprensible. Pero, a final de cuentas, estos hechos deben ser encarados con responsable honestidad. No es suficiente el que abogados periodistas traten de dar luz a los acontecimientos y les den alguna explicación, como tampoco es conveniente dejar el caso en manos de los más *amateurs* de los profesionales: los manejadores de los medios de comunicación. Antiguamente, los

> historiadores se consideraban seres agraciados con el don de la inocencia e irradiaban un efluvio de gentil credibilidad; pero esa candorosa actitud se ha convertido ya en un pesado fardo. Si los historiadores continúan negando la nauseabunda realidad de las actividades de encubrimiento que desplegaron después del asesinato, ellos mismos corren el riesgo de convertirse en cómplices de esas maquinaciones.[28]

Es un poco fuerte eso de "cómplices de esas maquinaciones". Los historiadores, y en general los académicos, tienen buenas razones para mantenerse al margen del asesinato de Kennedy. Después de todo, no es poca cosa el ser contaminados por las teorías de conspiración que inundan esta materia. No hay nada que guste menos a los académicos que el ser confundidos con los teóricos de conspiraciones; para ellos es como el "beso de Judas" o un hoyo negro intelectual. Los académicos y en especial los historiadores, seguramente continuarán evadiendo el tema, pues para ellos no ofrece más que incomodidad y una posible exposición al ridículo en su medio.

Por su parte, los políticos americanos seguirán evitando el tema por lo menos hasta que encuentren la manera de usarlo en su beneficio, pero hasta ahora ninguno lo ha encontrado. Así las cosas, la investigación se encuentra más o menos en las mismas circunstancias de 1964, con individuos o grupos de particulares que hacen lo que pueden para encontrar el sentido de estos eventos históricos.

En los tiempos presentes, la comunidad de investigadores de la muerte de Kennedy no acepta todavía la solución Johnson-Wallace, del caso. A juzgar por los insertos y comentarios que aparecen en Internet, la mayoría de la gente apenas comienza a mostrar conciencia de esta tesis y se nota una considerable resistencia a la aceptación de la idea. Los investigadores de JFK son personas normales, y como tales no gustan de cambiar sus apreciadas teorías viejas por otras nuevas. Pero incluso si llegara a aceptarse ampliamente este punto de vista, hay en él muchas áreas oscuras y cuestiones irresueltas, por lo que la investigación debe continuar. Cualquiera que sea la especialidad de cada quien: la médica, forense, balística..., o, como en el caso del antes mencionado Vincent Palamara, el Servicio Secreto, es virtualmente irrelevante quién presionó el gatillo, o dio la orden de hacerlo; el espectáculo sigue adelante.

El *show* habrá de continuar, pero las reglas tienen que cambiar.

Con muy poca cobertura por parte de los medios masivos, en la década de los noventa comenzó lo que pudiera considerarse una tercera investigación oficial del asesinato de Kennedy; también como una secuela de la enorme publicidad generada por la película de Oliver Stone *JFK*. En 1992 fue creada por el Congreso la Assassination Archives Review Board (AARB) (Junta de Revisión de Archivos del Asesinato). El jefe de la Junta señaló la naturaleza de este nuevo organismo:

> En primer lugar, el Congreso ha establecido la Junta de Revisión como una agencia independiente de aquellas que administran los bancos de información. Segundo: la Junta está integrada por cinco ciudadanos, especialistas en Derecho, Historia y Archivonomía, que no son funcionarios federales, pero que están facultados para desclasificar documentos gubernamentales que se encuentran en posesión de agencias especializadas. Ésta es la primera vez en nuestra historia que un grupo civil tiene esta prerrogativa. Tercero: los lineamientos y estándares que aplicará la Junta claramente favorecen la

> desclasificación. Se presume que todos los documentos que solicite la Junta serán de inmediato desclasificados, y la Junta podría proteger alguna información solamente si la agencia prueba de una manera clara y convincente que el efecto de la desclasificación lesiona el interés público. El cuarto, y tal vez más importante punto, es que una vez que la Junta ha tomado la decisión de que un documento debe ser desclasificado, solamente el Presidente puede revocar esa decisión. La independencia estructural y práctica otorgada por el Congreso es algo esencial para que la Junta de Revisión pueda actuar sin presiones en el sentido de mantener el secreto de ciertos archivos, particularmente de aquellos propios del sistema judicial, y de los servicios de Inteligencia.[29]

De 1994 a 1998, la AARB compendió estudios de historiadores, analizó casos, realizó audiencias, realizó estudios acerca de qué tomar de las investigaciones privadas del caso Kennedy..., y produjo una montaña de documentos que fueron a parar a los Archivos Nacionales. Esta enorme cantidad de nuevo material podría tomar años —décadas tal vez— para ser procesado.

El espectáculo debe continuar.

NOTAS

[1] El antiguo oficial de la CIA George O'Toole empleó un sofisticado equipo de detección de estrés a partir de la voz en varios fragmentos de las grabaciones de Oswald hechas aquel día en la Estación de Policía de Dallas. Ver su libro: *The Assassination Tapes: An Electronic Probe in the Murder of John F. Kennedy and the Dallas Cover-up* (*Las grabaciones del asesinato: una prueba electrónica en el caso de la muerte de John F. Kennedy, y la operación de ocultamiento en Dallas*), (Nueva York, Penthouse Press, 1975). Este libro comenzó siendo un artículo que se publicó en la revista *Penthouse*, en julio de 1973.

[2] Ver nota 11 en el capítulo previo.

[3] Ver Groden, pp. 240-250. También existe un análisis detallado de las transcripciones de grabaciones de Oswald en el libro de Michael Eddowes, *The Oswald File* (*El expediente Oswald*), (Nueva York, Clarkson Potter, 1977, apéndice D).

[4] Es más clara la identificación que hizo la CIA del "Lee Harvey Oswald" fotografiado en las afueras de la Embajada Soviética, en la ciudad de México. Ver Groder (nota 10), pp. 247-249, para observar la mejor co-

lección de estas fotografías. Este tema se trata al final del capítulo previo.

[5] Cutler y Morris, p. XII.

[6] Arlington, Texas: Quasar Ltd., 2003. De <www.jfkresearch.com/armstrong/>. Se encuentra también en una reseña de una de sus primeras conferencias, en "1997, JFK Lancer Annual Conference", en <www.jkklancer.com/kwinter97-2.html>, donde se expone tanto el contenido de la investigación de Armstrong como el entusiasmo que produjo en algunos investigadores americanos del tema.

[7] <www.enteract.com/hargrove/dakota/harvey-dakota.htm>

[8] Los soviéticos estaban haciendo lo mismo, enviaban al Occidente espías disfrazados de desertores, con objeto de infiltrarse en las agencias de Inteligencia de la NATO. Un libro reciente, escrito por el antiguo oficial de la CIA Tennent H. Bagley, *Spy Wars* (*La guerra de los espías*), (Londres, Yale University Press, 2007) está dedicado casi por entero al análisis de los graves problemas que causaron los supuestos desertores soviéticos en los sistemas de contrainteligencia de la CIA, ésta es la "confusión de los espejos" de la que hablaba el antiguo jefe de contraespio-

naje de la CIA, James Angleton, un hombre que cultivaba orquídeas y que fue escritor y poeta, casi la única figura glamurosa en la historia del espionaje de la posguerra.

[9] La falsa deserción es el tema de la más famosa novela-película de la literatura inglesa de espionaje: *The Spy Who Came in from the Cold* (*El espía que vino del frío*), de John Le Carré.

[10] Ver <www.ctka.net/pr397-otepka.html> para un análisis de este asunto, en el que se habla de lo mucho que se cuidaba el mantener los secretos de este programa, en el caso al que se alude, una simple indiscreción le costó la carrera a un oficial del Departamento de Estado.

[11] El proyecto incluía también “dos madres de Oswald“: dos Marguerite Oswald. Si Armstrong está en lo cierto (y la evidencia así lo sugiere) hubo una mujer que por diez años hizo este papel. Pero no es claro si ella es la “madre“ de Harvey, el que hablaba ruso, o una agente que jugó ese papel.

[12] ¿El caso de falsa deserción de los “dos Oswald“ es el único de su tipo, o fue un caso entre otros que seguían el esquema de “cambio de identidades”. Si así fuera, se

carece de evidencias que indiquen la existencia de un programa así.

[13] Una persona seria y escéptica respondería "sí" a esta pregunta. Armstrong dice que algunas personas recordaban y describían a la supuesta madre de Oswald como era cuarenta años antes... ¿Podría uno recordar cómo era un vecino que dejó de ver hace 30 o 40 años? La primera versión de la teoría de los "dos Oswald" de Armstrong es criticada severamente en <http://mcadams.posc.mu.edu/zoswalds.htm>. Con una actitud mucho más benevolente, señalando la enormidad del trabajo que emprendió Armstrong, su libro *Harvey y Lee* es comentado por Walt Brown en <www.jfkresearch.com/critique-view.html>. Brown señala todos los errores de redacción y edición del libro; pero mira más allá de eso y reconoce el extraordinario trabajo realizado por Armstrong.

[14] Esto se analiza en el libro de *Larry Hancock Someone Would Have Talked* (*op. cit*), (Texas, Lander Productions, 2006).

[15] Sobre esto existe un libro muy extraño de Michael Milan: *The Squad: The U. S. Governement's Secret Alliance with Organizated Crime* (*El Escuadrón: La alianza secreta

del gobierno americano con el crimen organizado), (Londres, Prion, 1989) en el cual el autor (quien escribe con pseudónimo) relata el papel que jugó en un "escuadrón" de *gangsters* reclutados por Edgar H. Hoover en 1947, mismo que estaba destinado a hacer el trabajo sucio para el FBI.

Milán cuenta cómo su grupo mató a un taxista un día después del asesinato de Kennedy (aparentemente el hombre había tenido alguna participación en el complot). Milán regresó a Washington para reportar el trabajo a Edgar Hoover y éste le dijo: "Ahora tú sabes demasiado..." Entonces Milán solamente dice: "Johnson" (p. 210). En la comunidad de investigadores de JFK nadie tomó en serio el libro de Milan, y yo tampoco tengo motivos para hacerlo. Sin embargo, en su tiempo, aquella acusación directa a Hoover y Johnson fue bastante atrevida.

[16] Mark North, Act of Treason (*op. cit*), (Nueva York, Carroll y Graf, 1991).

[17] Anthony Summers, *Official and Confidential: The Secret Life of J. Edgar Hoover* (*op. cit*), (Londres, Gollacz, 1993, pp. 325-328).

[18] Tony (Anthony) Frewin escribió: *The Assassination of John F. Kennedy: An Annotated Film, T.V. and Videography, 1963-1992* (*El*

asesinato de John F. Kennedy: Catálogo comentado de películas, T.V. y videografía, 1963-1992), (Londres, Greenwood Press, 1993).

[19] Mark North, *Act of Treason* (*op. cit*),p. 52. Existe una buena cantidad de material fragmentario en Summers (ver nota 17), Athan Throharis y John Stuart Cox, *The Boss* (*El jefe*), (Londres, Harp, 1989), y en Curt Geotry, *J. Edgar Hoover: The Man and the Secrets* (*J. Edgar Hoover: El hombre y los secretos*), (Londres, Gollancz, 1993, p. 263).

[20] Anthony Summers, *Official and Confidential: The Secret Life of J. Edgar Hoover* (*op. cit*), (Londres, Norton, 1991, p. 263)..

[21] <www.enteract.com/hargrove/Dakota/Harvey-Dakota.htm>.

[22] La tesis de Armstrong de los "dos Oswald" ha sido fuertemente criticada; un ejemplo de ello se encuentra en <http://mcadams.posc.mu.edu/2oswalds.htm>. El anónimo autor de este comentario concluye diciendo: ¿Así que no hay nada en la teoría de los "dos Oswald"?... No, no hay nada en absoluto. La desvencijada estructura está construida sobre declaraciones de dudosos testigos, documentos cuidadosamente seleccionados, pero inexactos, y en una montaña de ingenuas suposiciones. Todo

esto no es más que un juego metafórico del asesinato de Kennedy, como sucede generalmente en las teorías de la conspiración.

Este drástico veredicto es muy apresurado, el análisis que lo precede no toma en cuenta toda la evidencia que Armstrong llegó a reunir (hay mucho más en el libro de la que Armstrong había difundido cuando se hizo esta crítica, pues es anterior a la publicación del libro). Sin embargo, son válidos algunos de sus puntos de vista. Armstrong efectivamente se apoya demasiado en testigos presenciales, y lo que se puede concluir de ellos es demasiado débil. Por lo que se refiere a los documentos, se necesitaría alguien con más paciencia que yo, y con acceso a los originales en archivos, para poder criticar con bases el trabajo de Armstrong en este aspecto.

[23] Ver L. Fletcher Prouty, *JFK* (Nueva York, Birch Lane Press, 1992, pp. 291-294).

[24] La investigación de Palamara respecto de las acciones del Servicio Secreto, *The Secret Service and the Failure to Protect the President* (*La culpa de los sobrevivientes: El Servicio Secreto y el fracaso en la protección del Presidente*), se encuentra disponible en: <www.assassinationresearch.com/v4n1.html>

[25] Ahora se cree que prácticamente toda la evidencia física fue fabricada, incluyendo la famosa película *Zapruder*. Ver la cuarta parte del libro de James H. Fetzer (ed), *Assassination Science* (*op. cit*). (Chicago, Catfeet Press, 1996). Una buena versión "estabilizada" de la película *Zapruder* se encuentra en Google: <http://blogfiles.wfmu.org/kf/0512/zapruder_stable.mov>.

En su testimonio de 1994, antes de la formación de la Assassination Archives Review Board, en <http://mcadams.posc.mu.edu/arrb/index5/.htm>. El muy conocido investigador de JKF Harrison Livinstone, señala: "...toda la evidencia física del caso fue fabricada. Acerca del trabajo de Livinston en la evidencia médica, Tony Frewin escribió: Harrison Livignston hará que usted quisiera no haber sabido nada de la evidencia médica".

[26] Se puede encontar en <www.jfkresearch.com/morningstar/morningstar3htm>.

[27] Ver <www.washingtonpost.com/wp-srv/national/congterm/jfk/jfk1110.htm>.

[28] De David W. Mantic, *Paradoxes of the Assassination: The Silence of the Historians* (*Paradojas del asesianto de JFK: el silencio de los*

historiadores), en <http://www.harrison-e-livingstone.com/jfk/mantic.htm>.

[29] The Assassination Records Review Board: Unlocking the Governement's Secret Files on the Murder of a President (La Junta de Revisión de Archivos del Asesinato: La desclasificación de los expedientes secretos del gobierno respecto de la muerte de un presidente), de *The Public Lawyer* (*El abogado público*), vol 8, n° 1, invierno de 2002, en <http://mcadams.posc.mu/arrab/tunheim.htm>.

[30] El reporte final de la AARB se encuentra en <http://www.fas.org/sgp/advisory/arrb98/index.html>.

Ver también: <http://www.archives.gov/research_room/jfk/assassination_records_review_board.html>.

FIN